北京市属市管高等学校人才强教计划资助项目

江南文化世家研究

【以无锡秦氏和昆山徐氏为例】

王玉海　姜丽丽　刘　涛◎著

知识产权出版社
全国百佳图书出版单位

内容提要

无锡秦氏是明清时期江南的一个大家族，先后维持了400多年，改朝换代和战火的洗礼都未能使其衰落。无锡秦氏为后人留下了许多珍贵的财富，不但有众多子孙的著述传世，而且还有传世名园——寄畅园，其家族与曹雪芹家族关系密切，与名著《红楼梦》也有不小的干系。昆山徐氏是江南的又一文化世家，其兴起于顺康之际，衰落于雍乾之时，在当时的政坛、文坛上都曾声名显赫，产生了不可小觑的影响。但是何种原因使其兴也促，衰也速？

本书通过对明清时期江南无锡秦氏和昆山徐氏这两个文化世家的对比研究，揭示了在"家国同构"的伦理型政治范式下，中国传统知识分子通过何种方式处理家国之间的关系，使家族的兴衰与国家、朝廷、社会的命运紧密联系在一起，以及文化传承对一个家族的荣辱兴衰的重要性。

责任编辑：宋　云

图书在版编目（CIP）数据

江南文化世家研究：以无锡秦氏和昆山徐氏为例/王玉海，姜丽丽，刘涛著．—北京：知识产权出版社，2011.7

ISBN 978-7-5130-0647-7

Ⅰ．①江…　Ⅱ．①王…　②姜…　③刘…　Ⅲ．①家族—研究—华东地区—明清时代　Ⅳ．①K820.9

中国版本图书馆CIP数据核字（2011）第122301号

江南文化世家研究——以无锡秦氏和昆山徐氏为例

JIANGNAN WENHUA SHIJIA YANJIU

王玉海　姜丽丽　刘　涛　著

出版发行：知识产权出版社

社　　址：北京市海淀区马甸南村1号	邮　　编：100088
网　　址：http://www.cnipr.com	邮　　箱：bjb@cnipr.com
发行电话：010-82000893　82000860转8101	传　　真：010-82000860转8240
责编电话：010-82000860转8324	责编邮箱：songyun@cnipr.com
印　　刷：保定市中画美凯印刷有限公司	经　　销：新华书店及相关销售网点
开　　本：720mm×960mm　1/16	印　　张：12.5
版　　次：2011年8月第1版	印　　次：2011年8月第1次印刷
字　　数：145千字	定　　价：35.00元

ISBN 978-7-5130-0647-7/K·100（3547）

目录 CONTENTS

导论：文化世家与两个典型家族概说

Ⅰ. 文化世家解析

1.1　世家与文化世家

“世家”本是《史记》五体之一，司马迁将《史记》分成五种体例，分别为本纪、世家、书、表及列传。本纪是以朝代先后为序记载的从黄帝到汉武帝的各朝代或皇帝的历史；世家是世代相传的诸侯王的历史（但事实上司马迁并没有完全执行这个标准，因为孔子和陈涉都列入了世家，而他们显然不是世袭的诸侯王）；书是专门的分类史；表是以表格形式记载的、以年月为纲以事件为纬的历史重大事件；列传是除本纪和世家以外的社会各阶层人物的传记。

《史记》中共有“世家”30篇，记载了自西周至西汉初各主要诸侯国的兴衰历史。《太史公自序》中说道：“二十八宿环北辰，三十幅共一毂，运行无穷。辅拂股肱之臣配焉，忠信行道，以奉主上，作三十世家。”学者赵季认为：“司马迁从维护国家统一的立场出发，把各诸侯国看做辅佐中央政权的地方政治力量，希望他们能‘忠信行道’，来维护中央集权的统一。《世家》之取名就是因为‘王侯开国，子孙世袭’，也就是诸侯爵位封邑世代相传，故名《世家》。”

后世对于何为“世家”有过诸多争论，无论是在封建社会还是近现代的史学和文学界对此都争论颇多。《史学月刊》2000年第1期刊登了郑慧生撰写的《“世家”解》一文，对历代的“世家”之争进行了梳理，认为司马迁所谓的“世家”应该先理解“家”字，这里的“家”不是家庭之家、家族之家，而是指宗庙，所谓“世家是世代不迁之庙，享受常年不断的祭祀”❶。论述了到底什么样的家族算是“世家”，什么样的家族可以列入“世家”的行列。

虽然“世家”一词最初只是《史记》中的一个体例，但由于《史记》在我国漫长的封建社会中无论在史学界还是在文学界甚至对人们的日常生活都有不小的影响，所以后世再提到“世家”就不仅仅局限于某种史书的体例了。

后世所谓的“世家”是指世禄之家，泛指世代贵显的家族或大家。万宇在《文化世家》一文中指出，“悠久的家族历史，家族的人口、规模，在一个时期内具有相对的稳定性是作为世家的基本标准”❷。也就是说，只有那些具有一定的历史、能够延续一段相当长的时间（一般要在三世以上），而且其家族无论从人口还是其他方面都要具有相当的规模，只有这样的家族才能称为“世家”。我国某以世家命名的企业在其宣传口号中称，“地位尊崇，世代绵延，泽被后代，方为‘世家’”。此种解释也不失为一说。

万宇在上述引文中，还对“文化世家”这一概念进行了解释，

---

❶ 郑慧生．“世家”解［J］．史学月刊，2000（1）．

❷ 万宇．文化世家［M］//刘士林．人文江南关键词．上海：上海音乐学院出版社，2008：167．

认为某家族在符合世家标准的基础上，“在科举仕宦、文化素质、道德规范等方面表现突出，才能成为被广泛认可与称道的文化世家”[1]。从中可以看出，相对于“世家”来说，文化世家的标准还要更高一些，不仅要是公卿显宦之家，还要是文化望族、礼教名门、道德典范家族。

1.2 文化世家的标准与特征

关于文化世家的标准，学者多有探讨。林济在《陈寅恪论氏族文化世家及其意义》中对陈寅恪所认为的文化世家的标准做了总结，其观点大致为：经学儒术是文化世家的普遍文化身份特征；仁孝廉让为其道德标准；家学礼法是其不变的追求。强调家学家风传统，以儒学为世守家业，以礼法为世传家风。[2] 万宇在前文中也提到，“吴江薛凤昌曾经提出过‘世家’的三个标准：‘一世其官，二世其科，三世其学’”[3]。笔者以为这三个标准应是“世家”必备的三个特征。首先，“世家”中的世是“一辈一辈相传的”意思，因此要具有一定的历史，要世代相传，而不是昙花一现；其次，不仅要世代相传，还要世代为官，同时，还要世代登科，要有科举入仕者；最后，作为文化世家还要有家学渊源，要有家学传世。

综合各家的研究，我们看到文化世家除了要符合世家的基本标准外，还应具备如下一些特征：

---

[1] 万宇．文化世家［M］//刘士林．人文江南关键词．上海：上海音乐学院出版社，2008：167.

[2] 林济．陈寅恪论氏族文化世家及其意义［J］．华中师范大学学报，2003（3）.

[3] 万宇．文化世家［M］//刘士林．人文江南关键词．上海：上海音乐学院出版社，2008：167.

第一，要强调文化。“文化世家”既然以文化冠名，其文化特征自然不言而喻，并且文化性是其首要的也是最重要的特征。诚如万宇所指出的文化世家的基本特征是“以实现本家族的文化性为自己的追求目标，家族成员具有强烈的文化意识，他们所从事的职业也以文化型为主，或具有文化特征；家族具有相当的文化积累，并有一定的文献储存；家族内部进行着广泛的文化交流，并对地方文化形成积极的影响作用”❶。

第二是重视科举仕宦。纵观我国各类各时期的文化世家，无论是以文著称，还是以诗、史著称，绝大多数都十分重视科举仕宦。“科举人才的多少反映一个家族素质的高下，同时仕宦是家族政治地位的标志，也为未来家族的绵延发展起到重要作用。”❷ 所以，无论是哪种类型的文化世家，要想巩固并维持自己的地位，必须要在科举仕宦上有所成就。

第三是追求礼法家风。在家国同构的中国封建社会里，家族作为社会的基本细胞，在维护社会制度的稳定方面发挥了不容忽视的作用。封建家族内部等级森严，伦理规范严格，族规族训严明，礼法家风整肃，家族成员必须严格恪守，不得有丝毫的逾越，违者必遭严惩，重者被逐出族。家族长在本家族具有至高无上的权力，对本家族成员甚至有生杀予夺之权。这样的礼法家风不但有利于地主阶级的统治，也有利于本家族凝聚力的保持。因此，在封建社会普遍受到重视，而世家大族尤甚。

第四是注重仁孝。以“孝”为代表的家庭哲学是传统中国人人格中最为稳固的一部分，特别是以血缘宗族关系为基础的中国

---

❶ 万宇．文化世家［M］//刘士林．人文江南关键词．上海：上海音乐学院出版社，2008：167.

❷ 万宇．文化世家［M］//刘士林．人文江南关键词．上海：上海音乐学院出版社，2008：167.

古代社会，“孝”是家庭和睦的基础，也是社会繁荣的保证。所谓父子有骨肉之亲，君臣有礼义之道，夫妻挚爱又内外有别，老少有尊卑之序，朋友有诚信之德。仁孝作为为人处世的基础，是人情之首，也是修身、齐家、治国、平天下的根本，所以，一个文化世家，必要有仁孝的家风，否则便不可称为文化世家，只能称为豪门显族。

1.3 文化“世家”的种类

文化世家虽有一些共同的基本特征，但根据其内部出仕情况、文化传统、家学源流又分为不同的类型。王少华在《唐代中州的文化世家》一文中把唐代中州的文化世家分为史学世家和文学世家两种，并对这两类文化世家做了列举。[1] 兰秋阳、邢海萍在《清代文学世家及其家学考略》中则把清代文学世家分为以诗著称的世家、以文著称的世家、善画工书的世家及兼邃经史的世家。[2] 另外，在有的研究中还提出了“学术世家”这一概念，虽然与“文化世家”有相似的地方，但并不能画等号，相比较而言，“学术世家”更加强调其专业性。

结合诸家之说，我们大致可以把文化世家分成以下几种类型：

一是科举世家。科举世家在我国封建社会是比较多见的，特别是在江南地区。学界对于科举世家的研究也为数不少，对于科举世家的概念并无多少争论，相关研究中给出的定义也大同小异。通常的看法是：科举世家是指世代参加科举考试，并取得举

[1] 王少华．唐代中州的文化世家［J］．商丘师范学院学报，2001（1）．
[2] 兰秋阳，邢海萍．清代文学世家及其家学考略［J］．河北北方学院学报，2009（4）．

人以上功名且入仕人数较多而在地方上有相当影响的家族。[1] 其基本特征如下：

首先，家族世代参加科举考试。自有科举考试以来，“学而优则仕”便成为众多读书人终生的追求。当时的读书人认为入仕不但是对自己学识的肯定，也是实现人生理想、报效国家的最好途径。对于家族来说也不仅仅是光宗耀祖的问题，而且是家族地位与实力的保障。“在中国古代社会里，一个家族社会政治地位的高低，往往以该家族入仕的人数以及入仕者官阶高低为衡量标准。一个家族要想提高其家族的政治地位，必须有家族成员入仕为官，同时，入仕的官员还必须要有高官。”[2] 所以世代参加科举考试是科举世家的一个重要标准，它也造就了科举世家。

其次，要取得举人以上功名。科举世家不能只是世代参加科举考试，而且要世代有科举入仕者，最次也要取得举人以上功名才算。所以在科举世家的定义中，学界都强调了取得举人以上的功名。用现在的话来说，就是不但要有量的要求，还要有质的保证，这样才能稳住本家族的政治地位。

最后，在一定范围内要有相当的影响。科举世家不仅世代都要有科举入仕者，而且要有相当数量有地位、有影响的“大官”，要在当时的政坛、文坛上产生一定的影响。

二是文学世家。有关文学世家的界定，学界目前还尚未达成共识。一般认为文学世家或以诗著称、或以文著称、或擅书画，且都家学渊源深厚，世代相袭，自成体系。[3] 我国封建社会这样的文学世家有很多，比如茆萌 2009 年在《江苏大学学报》第 5

---

[1] 张杰．清代科举世家与地方教育——以北方地区为例［J］．中国文化研究，2002，秋之卷．

[2] 朱玉周．宋代科举制度对世家大族的影响［J］．哈尔滨学院学报，2009（11）．

[3] 兰秋阳，邢海萍．清代文学世家及其家学考略［J］．河北北方学院学报，2009（4）．

期发表的《略论镇江鲍氏文化世家及主要诗人诗作》就介绍了镇江诗学世家鲍氏。

三是经学和史学世家。经史世家是指在经学和史学方面有一定造诣的家族，比如相州李延寿史学世家和宋州刘知几史学世家等。[1]

以上几种文化世家的分类只是依据各文化世家最为显性的特征划分的，实际上，各文化世家的类型并不能明确划分，大多文化世家都有交叉，比如科举世家可能也是文学世家或经学世家、史学世家，反之亦然。

1.4 文化世家的成因

“文化世家”的形成是需要一定的条件的，既有内在因素也有外在原因。强调文化、科举传统、礼法家风和注重仁孝可以视做“文化世家”形成的内在因素，宗祠、族谱、族田、族规、族训也起了很大的作用，没有这些内在因素，没有这些大家族世代不懈的追求和努力，文化世家是不可能形成的。但仅有这些内在因素是不够的，还需要外在客观条件。家国同构的伦理—政治型社会范式，科举选官制度的长期存在，以及家族所在的人文地理环境，都是文化世家形成的重要条件。本书所选择的无锡秦氏就是在这种环境下形成的文化世家的典范，在内外因的共同作用下，绵延数百年而不衰。相较而言，本书所选择的另一江南名门昆山徐氏虽也生活在同一社会环境下，也曾因科举盛极一时，但由于内部的原因，很快就衰落了。

---

[1] 王少华．唐代中州的文化世家［J］．商丘师范学院学报，2001（1）．

Ⅱ. 无锡秦氏与昆山徐氏概说

2.1 无锡秦氏概况及相关研究

无锡秦氏是明清时期江南的一个大家族，先后维持了 400 多年。其为江南大族不仅以科名取胜，在文化、艺术等方面都有一定成就。秦氏家族始祖是北宋著名词人秦观，其裔秦惟桢于南宋淳祐年间（1241—1252 年）迁无锡之后，繁衍为江南大族。

无锡秦氏是一个科举世家、官宦世家，其科名始自秦惟桢第六代子孙秦夔。秦夔登明英宗天顺四年（1460）榜进士，成为无锡秦氏科举入仕之第一人。孝宗弘治六年（1493），第七代子孙秦金再次登榜，并成为明代孝宗、武宗、世宗三朝重臣，还曾参与明朝历史上有名的“大礼议”风波，成为秦氏鲜有的国史有传者之一。此后，无锡秦氏中榜者屡见不鲜，涌现出秦梁、秦禾、秦耀等通过科举入仕，并有一定政绩者。明末乱世，以秦镛为代表的部分秦氏子孙力图重振明朝，失败后则归隐家园，不问政事。也有部分子孙投降清政权，但政绩平平。清顺治五年（1648）秦鉽中举，后又与秦松龄同中进士，较早摘去旧符换新桃。清代秦氏子孙科举成就远远超过了明代，其辉煌成就与明代相比有过之而无不及。继秦松龄、秦道然父子后，其后人秦蕙田在乾隆年间再次考中探花，并先后任乾隆朝内阁学士、礼部右侍郎、刑部侍郎、工部尚书、刑部尚书等职。秦氏在仕途上的繁盛情况一直延续到清朝嘉庆末年。嘉庆后期，无锡秦氏虽也有陆续登榜者，但因清末统治机构日益失灵，再无其先人那样值得称道的政绩，并与清朝国运一样日趋衰落。

无锡秦氏维持了几百年的时间，改朝换代和战火的洗礼都未能使其衰落，科举是其兴盛的主因，其良好的家风也起了至关重要的作用。无锡秦氏自始便有“孝友”的良好美德，早期就有秦旦、秦奭两兄弟“双孝旌门”，后世子孙更将这一传统发扬光大。不但多数子孙都以孝行见称，并以此教导、影响下一代，所以这一传统在秦氏经久不衰。秦氏衰落之时，又有秦开杰、秦凤翔两兄弟被称为“后双孝”，为秦氏的“孝友传家”画上了圆满的句号。

称无锡秦氏为江南文化世家，并不仅仅因为秦氏子孙在科举中的成就。其子孙在其他方面也颇有建树，名人辈出。秦氏子孙著述颇多，秦蕙田的著述被收入《四库全书》当中，还有部分子孙的著述被收入《四库全书存目丛书》当中。这些著述不但记载了他们的思想见解，而且也见证了秦氏家族的发展过程。特别是后世子孙整理的秦氏家族的文集、诗集、文钞等，更加为研究秦氏家族提供了很有价值的史料。同时无锡秦氏还为后人留下了传世名园——寄畅园。此园的兴衰与秦氏家族的浮沉息息相关。

无锡秦氏还和曹雪芹的名著《红楼梦》有扯不清的关系。无锡秦氏与曹雪芹家为世交，康熙、乾隆两位皇帝下江南曾数次驻跸寄畅园，其家族还因皇九子案受到牵连，寄畅园曾一度被雍正皇帝查抄，这些事迹在《红楼梦》中都有踪迹可寻。

不仅如此，无锡秦氏盛衰的本身就是颇有价值的研究课题，通过这一个案的研究可以洞悉江南文化世家盛衰之因。科举是无锡秦氏兴衰的主因，秦氏不但通过科举起家，能维持数百年的时间也应归功于科举。在受到打击之时，也是通过科举得以再度复兴。清朝后期秦氏的衰落也与科举制度的名存实亡有很大关系。

但在同一社会环境下，各个文化世家的命运却大不相同，自身因素所起的作用也是十分重要的。无锡秦氏在宗祠、宗谱、祖墓、族田、家风和家规等方面都有严格的规定和良好的传统，这些因素不但强化了子孙间的血缘关系，也奠定了家族的经济基础，并保持良好的精神状态。这些因素与科举一样，都是无锡秦氏兴盛的有力法宝。

无锡秦氏可以说是江南文化世家的典型代表，但是史学界有关它的研究却为数不多。上海大学家庭社会学专业徐新于2005年写有《二十世纪无锡地区望族的权力实践》这一博士论文，从社会学的角度研究了20世纪无锡望族，其中也对无锡秦氏作了一定的研究。在有关无锡秦氏的研究中，对第二十代子孙秦祖永的研究相对较多，而且比较系统。主要有南京艺术学院的丁薇薇2005年写的《逸的审美内涵》这一硕士论文，并且先后发表了《逸的审美内涵——秦祖永论逸研究》，[1] 以及《秦祖永〈桐阴画诀〉评析》等文，[2] 都是从美术学的角度，研究了他的绘画成就及思想。另外也有有关秦蕙田的一些研究，如《阴山学刊》1999年第1期发表了王炜民的《秦蕙田与〈五礼通考〉》一文，对秦蕙田及《五礼通考》作了一定的介绍。另外折辅民在1994年第3期的《古籍整理研究学刊》中，对《五礼通考》进行了研究，认为其中引用的部分古籍材料颇有讹误，对其进行了勘正，发表了《〈五礼通考·宾礼〉校读》一文。社科院中国古代思想史专业的林存阳于2000年写有《清初三礼学》这一博士论文，系统地研究了秦蕙田的《五礼通考》，并于2002年由社会科学文献出版社出版了《清初三礼学》这一专著。而其他的研究涉及无锡秦氏的只有在研究

[1] 丁薇薇. 逸的审美内涵——秦祖永论逸研究 [J]. 东南文化，2004 (3).
[2] 丁薇薇. 秦祖永《桐阴画诀》评析 [J]. 南京艺术学院学报·美术及设计版，2001 (3).

相关专题时可能涉及无锡秦氏的有关人物，很少有关于无锡秦氏的系统研究，有关秦氏个别人物的研究也很少见。但是，史学界有关其他明清时期家族的研究并不少见，这为无锡秦氏的研究提供了一定的借鉴。

本书所引用的资料大致可分为四类；第一类是家谱方志，第二类是诗集、文集，第三类是本人行实或后人记录的先人行实，第四类是祖训、家训。这些资料是本书写作的基础。

（1）家谱方志

《锡山秦氏宗谱》乃秦氏后裔秦尧曦、秦赓彤于同治十二年（1873）所编，本书中大部分谱系均出自此书，此家谱是本书写作的重要依据。

《秦氏丛谭》是无锡秦氏第二十代子孙秦焕的著作，书中记载了秦氏部分先人行实，最为珍贵的是此书还记载了部分有关寄畅园的内容，成为研究寄畅园有力的史料。而且，此书目前仅存内蒙古图书馆藏手抄本一部，有待学界对其进一步开发利用。

《先城集补》是秦云锦所编，此书刻于乾隆六十年（1795）。因秦金所创族谱内有《人城》一集，记载了秦氏祖墓及族田等内容，但因年代久远而失传。所以秦云锦效仿先人著《先城集补》一书，对秦氏祖墓及族田等资料进行了重新整理，并收集了族田、祖墓管理的系统内容，为研究秦氏族田提供了宝贵的资料。

无锡的县志目前存有几个版本，本书所涉及的主要有：清光绪六年（1880）由秦缃业主编的《无锡金匮县志》；周邦杰、秦梁于明万历年间所刻的《无锡县志》；王稿修、华希闵等纂的《无锡县志》（清乾隆十六年，1751 年）；以及秦瀛于清嘉庆十八年（1813）所刻的《无锡金匮县志》。

另外，本书还引用了《江南通志》、《湖广通志》等方志。

（2）诗集、文集

《锡山秦氏文钞》乃秦毓钧于民国十九年（1930）所辑，书中收录了秦氏部分先人所写的文章。其中有大量后人对先人的介绍及墓志铭等。是本书写作过程中利用频率最高的史料之一。

《锡山秦氏诗钞》为秦彬之作，收录了秦氏先人的诗作。《梁溪诗钞》是顾光旭之作。《续梁溪诗钞》乃候学愈之作。其中都收录了部分秦氏先人的诗作。虽然这三部史料以诗歌为主，但其中都有诗作者生平的简略介绍，因此对本书的写作也很有价值。

《秦氏三府君集》是秦毓钧于民国十九年所辑。此书收录了秦旭、秦金、秦瀚三人的部分作品，分别为《修敬集》、《凤山诗集》以及《从川诗集》。本书主要利用了附录中有关三人生平的介绍。

诗集文集中比较重要的还有：收录了秦镛之作的《广理学备考·秦弱水先生集》，主要是他对经学的一些见解。秦坊之作《范家集略》，本书写作过程中参考的是《四库全书存目丛书》中的版本，主要介绍了封建社会中人们所应遵守的纲常、伦理。《苍岘山人文集》乃秦松龄之作，主要是他对"忠、孝"的一些见解。本书的写作还参考了他的《己未词科录》及《微云词》。

本书中引用的诗集、文集还有《水竹轩诗钞》（秦焕）、《西泠消寒集》（秦缃业）、《无锡大浮老人诗文钞》（秦敦世）、《樗林摘稿》（秦镗）、《冷红馆剩稿》（秦臻）、《桐阴论画》（秦祖永）等。

（3）本人行实或后人记录的先人行实

秦氏有关史料中有很多可以说是先人行实或后人记录的先人行实。这些行实正是本书写作的基础。如《锡山秦氏文钞》、《秦氏丛谭》、《秦氏三府君集》中都有大量的先人行实。而专门记录了某人行实的则有《锡山秦氏后双孝征文汇录》（秦中毅）及《守临清日记》(秦震钧)。前者记录了无锡秦氏后双孝——秦开杰、秦凤翔的"孝行"及世人对他们的称赞;后者是秦震钧记载了他本人于乾隆年间镇守临清,平定叛乱的事迹。

(4)祖训、家训

无锡秦氏作为一个封建大家族,十分重视祖训、家训,后世子孙更是以此作为行为准则。在《锡山秦氏宗谱》、《先城集补》等书中都记载了大量的祖训、家训。

《芝兰室语》是秦凤翔玄孙秦中毅收录的秦凤翔抄录的格言、警句。《景行录》为秦震钧所辑无锡秦氏在祖祠中讲书时所讲的内容。二者都可以说是无锡秦氏子孙的行为规范。

《西神丛语》是清朝黄蛟起所编,被收入《昭代丛书》中,《西神丛语》主要记载了当地的奇闻轶事。此书中也有关于无锡秦氏的记载,记载了部分秦氏子孙的优良美德。

在本书第四章"书香名园"的写作过程中,还参考了《园冶》、《江南园林志》、《寄畅园》以及《无锡文博》1999 年第 3 期等相关资料。

《园冶》为明代造园理论家计成之作。造园之事多由工匠来担当,所以因知识的局限有关这项技艺的记载相对较少,《园冶》则是有关造园著述中比较重要的一部,也是世界上最早的一部造园专著。

《江南园林志》乃民国时期童寯之作,书中主要介绍了我国园林发展的历史及我国的古典名园。

《寄畅园》为当代人蒋文安之作,是一部介绍寄畅园的专著。《无锡文博》1999 年出了《寄畅园东南部保护修复工程专辑》,对寄畅园的历史、如何修复、出土文物、特色等进行了研究。本书写作中参考了这两种资料,二者的研究成果为本书的写作提供了很大的便利。

另外，还引用了一些史书，比如《宋史》、《明史》、《清实录》、《清史稿》、《清史列传》以及《南巡盛典》等。还引用了《清稗类抄》、《郎潜纪闻》等著述。

2.2 昆山徐氏简况及相关研究

昆山徐氏家族也是科举世家，早在明代就参加科考并入朝为官。徐乾学、徐秉义、徐元文三兄弟的六世祖徐申（字周翰）于嘉靖初年由乡举出仕，官至刑部主事。其三世祖徐应聘中万历十一年（1583）进士，历任检讨、尚宝司丞、太仆少卿，最后卒于官。祖辈经由科举出仕的传统和家族里光宗耀祖的信念，由徐氏兄弟加以继承和发扬，并使他们在顺康之际迅速崛起。正如一些研究家族史的学者所总结的“先辈中若有以孝行、义行或人品端方著称的好祖宗，为子孙树立良好的学习榜样，使之成为佼佼者乃至应考登第入仕，并由此发展成为著姓望族”[1]。

徐氏兄弟不仅祖上出自科举之家，其母顾氏，亦出自当地的科举官宦世家——顾氏望族。据统计，仅明一代顾氏就出现了22位进士，[2] 且都位居高官，所以成为明代昆山的五大望族之一。书香门第、科举世家的耳濡目染，使徐母亦具有极高的文化素养和极强的教子成材、修身立业的观念。史载徐母是有名的严母：“性明敏，有远识，夫游学在外，综理家政，条理具备。训子极严，所读之书，必令背诵。师或他出，即亲为训读。常潜至书室听子谈

[1] 吴仁安．明清时期上海地区的著姓望族［M］．上海：上海人民出版社，1996.

[2] 昆新两县续修合志：卷十七．选举表一·历朝进士［M］．清光绪庚辰年重修．

论，如讲经史则喜，间或语博色游戏事，即怒而责，至加复楚。”❶母亲的严格督促，使三徐自幼刻苦攻读，“课诵恒至夜午不辍”❷，培养了深厚的文化修养，为科考登第及后来的不凡政绩都打下了坚实的基础。这也符合了一些学者的见解：一位贤明的母亲，往往成为一个家族隆盛的理由。❸ 此外，有名儒顾炎武作母舅，徐氏三兄弟亦受益匪浅。可以说他们后来在学术和政治方面的作为，很大程度上得益于舅氏的言传身教。

除家族原因外，徐氏的兴起还和当时的社会环境有关。顺康之际，伴随着入关后一系列政策的实施，全国性的反清高潮已不存在，清政权进入了相对稳定的时期，但局部的民族性反清活动仍在继续，加之三藩之乱又起，故尽快消除地区性的反清活动成为当务之急。当时，主要是江南地区的人们留恋故国，反清意识强烈。所谓士心不得，则民心难求。如何驾驭这些心高气傲、文化素养较高、故国情怀浓重的汉族知识分子呢？清政府选择了开科取士。这本是选拔人才的传统方法，但在清初满汉民族激烈对抗的特殊环境下，就成为清政府用以笼络汉族知识分子的特殊手段。故清军入主中原不久，顺治即下诏宣布举行乡会试。到康熙年间亦大开科举之门，玄烨在位 61 年，共开科考试 21 次，录取进士 3103 人，❹ 体现了清统治者一脉相承的统治思想，即通过科举，积极扶持江南知识分子中愿意与清政府合作的人，以稳定其政治统治。

在这种政治气候之下，徐氏三兄弟均参加科考，并先后及第出仕。首先高中的是徐元文，于顺治十六年（1659）中进士第一

❶ 李嘉球．盛世贤相徐元文［M］//苏州状元．上海：上海社会科学出版社，1993.
❷ 徐珂．清稗类钞．册二［M］．北京：中华书局，1984.
❸ 潘光旦．明清两代嘉兴的望族［M］．上海：上海商务印书馆，1947.
❹ 康熙用人得失散论［J］．历史档案，1995（3）.

（状元），授官修撰，秘书院侍读、经筵讲官，后升至翰林院掌院学士，都察院左都御史。鼎盛时先后任户部、刑部尚书，并授文华殿大学士。接着及第的是徐乾学，于康熙九年（1670）中进士第三（探花），也授编修，后历任左春坊左赞善、翰林院侍讲、内阁学士、左都御史、刑部尚书。三年后，即康熙十二年（1673），徐秉义也中进士第三，官至吏部侍郎。三人"皆以鼎甲致位通显，时号'昆山三徐'"❶。三兄弟同朝为官，声势可想而知。只是到了康熙二十一年（1680）通籍❷后，以三人并在华省，议者纷纭，徐秉义乞假归里，其余二人仍在朝中。

由于"三徐"都由科举入仕，他们的下一代亦沿父辈这一条路，且都有所成。值得一提的是徐乾学的"五子登科"：徐树谷，字艺初，康熙二十四年进士；徐炯，字章仲，康熙二十一年进士；徐树敏，字师鲁，康熙四十三年进士；徐树屏，字敬恩，康熙五十一年进士；徐骏，字观卿，康熙五十二年进士。徐秉义52岁方得一子，名树闳，字诚修，以诸生入太学。徐元文有两子：长子徐树声，字容斋，康熙二十三年甲子中举人；次子徐树本，字道积，康熙三十六年丁丑中进士。❸

昆山徐氏在顺康之际接连登科，成就了一段佳话。正所谓"同胞三及第，前明三百年所未有也"❹。但到了雍乾年间，徐氏很快就衰落了。雍正八年（1730），徐乾学幼子徐骏因在诗集中有"明月有情还顾我，清风无意不留人"的字句，被冤家告发"思念

❶ 蔡冠洛. 徐乾学传［M］//清代七百名人传. 明文书局，1985.

❷ 通籍是古代的一种回避制度，本义指同一姓氏之人不可在一处为官，这里指徐氏兄弟三人不可同在京城为官。

❸ 昆新县志：卷十七. 选举一・进士表［M］；又见李嘉球. 苏州状元［M］. 上海：上海社会科学出版社，1993.

❹ 余金. 熙朝新语［M］//清代历史资料丛刊. 上海：上海古籍书店，1983.

明代，无意本朝，出语诋毁，大逆不道”[1]。刑部议奏“照大不敬律，拟斩立决，将文稿尽行烧毁”。即所谓的“徐骏诗狱”，自从徐骏被诛，昆山徐氏遂衰。[2]

昆山徐氏兴也迅速，盛也短暂，衰也匆匆。究其盛衰浮沉之变，有外部原因，也有其自身的原因。清初的政局以及清政府对汉族知识分子尤其是对江南知识分子的统治政策，与这些汉族士人的命运息息相关。而他们对清朝的态度和由此所作出的历史选择，亦影响其自身的发展。本书选择这一案例，正是想通过昆山徐氏的个案研究，考察江南知识分子的历史命运，以揭示其兴衰成败之因。同时，也希望以后能在这一方面继续进行扩充性研究。

昆山徐氏家族显赫，自然有家谱传世，但令人遗憾的是流传于海外——《徐乾学家谱不分卷》（江苏吴县，清乾隆五十四年写本）现存于美国和日本，所以无法参阅。而地方志中有关昆山徐氏家族的记载也不是很多，因此，目前关于昆山徐氏的研究主要集中在徐乾学、徐元文两兄弟身上，如戈春源《顾炎武与徐氏兄弟》（《苏州大学学报》1994 年第 2 期）、暴鸿昌《顾炎武与徐乾学兄弟》（《齐鲁学刊》1998 年第 1 期）、王嘉川（《徐元文与〈明史〉纂修》（《史学史研究》1995 年第 1 期）、尚小明《徐乾学幕府研究》（《史学月刊》1998 年第 3 期）。其中，前两篇文章以顾炎武为主要研究对象，与本书角度不同。《徐元文与〈明史〉纂修》一文肯定了徐元文对《明史》的贡献，推翻了单方面归功于万斯年的传统说法，笔者通过收集资料，赞同作者的意见。但笔者认为清朝之所以选定徐氏负责编修《明史》，与徐氏和明朝遗民联系紧密有很大关系。《徐乾学幕府研究》一文以徐乾学幕府为研

[1] 谢国祯．明清之际党社运动考［M］．北京：中华书局，1982.

[2] 戴逸．简明清史［M］．北京：人民出版社，1980.

究重点，为笔者提供了许多线索。还有一些著作涉及相关内容，如潘光旦《明清两代嘉兴的望族》（上海商务印书馆1947年）、梁启超《清代学术概论》（中华书局1954年）、（美）恒慕义《清代名人传略》（青海人民出版社1990年）、郭成康和林铁钧《清朝文字狱》（群众出版社1990年）、张杰《清代科举世家》（社会科学文献出版社2003年）、李嘉球《苏州状元》（上海社会科学出版社1993年）、吴仁安《明清时期上海地区的著姓望族》（上海人民出版社1996年）、义森斯塔德《帝国的政治体系》（阎步克译，贵州人民出版社1992年）、（美）魏斐德《洪业——清朝开国史》（陈苏镇、薄小莹等译，江苏人民出版社2003年）等。

此外，相关的研究篇目还有：（美）欧立德《清代满洲人的民族主体意识与满洲统治》（《清史研究》2002年第4期）、刘凤云《试论康熙中期官僚集团的党争》（《清史论丛》2002年）。这些文章虽然不是从家族史的角度进行的专门研究，但对本书的写作也很有指导意义。

本书引用的资料大致可以分为三类：第一类是档案资料，第二类是史书，第三类是笔记文集，这些资料都为本书的写作奠定了基础。

（1）档案

档案是最原始的资料，本书主要用到《清代档案史料丛编》中《徐乾学等被控鱼肉乡里荼毒人民状》等资料和《康熙满文朱批奏折全译》。

（2）史书

正史：《明史》、《清史稿》。

政书：《圣祖仁皇帝圣训》、《皇朝经世文编》、《大清律例》、《大清会典》、《大清会典事例》。

编年：《康熙起居注》、《清世祖实录》、《清圣祖实录》、《明实录》、《顺治朝东华录》（蒋良骐）、《资治通鉴后编》（四库本）

史表：《清代职官年表》。

传记：《清史列传》、《满汉名臣传》、《国朝诗人初略征编》、《政学录初稿》、《天朝臣工言行记》、《国朝名臣言行录》、《碑传集》、《国朝先正事略》、《吴郡名贤图传赞》、《国朝耆献类征初编》、《清代七百名人传》、《鹤征录》、《己未词科录》。

方志：《江南通志》、《苏州府志》、《昆新两县续修合志》、《昆山县志》。

目录：《传是楼书目》、《传是楼宋元板书目》、张舜徽《清人文集别录》。

谱牒：《顾祖禹年谱》、《德清胡朏明先生年谱》、《徐氏大宗谱》、《吴梅村年谱》《黄梨洲先生年谱》、《钱牧斋先生遗事本及年谱》。

（3）笔记文集

李肇《唐国史补》、赵翼《檐曝杂记》、陈康祺《郎潜初闻初笔》、徐元文《含经堂集》徐乾学《憺园文集》、徐乾学《读礼通考》、韩菼《有怀堂文集》、裘琏《横山文集》王应奎《柳南随笔》、李光地《榕村续语录》、徐珂《清稗类钞》、余金《熙朝新语》、顾炎武《顾亭林诗文集》、梁清标《蕉林诗集》、江藩《汉学师承记》、万寿祺《隰西草堂集》等。

第一篇　无锡秦氏：江南文化世家的典范

Ⅰ. 追本溯源：无锡秦氏的渊源

无锡秦氏“世为东南望族，盛于明清两代，先后四百余年”[1]。根据现有史料记载秦姓先祖可追溯到尧舜禹时期。“秦之先自伯益佐禹治水有功，赐姓嬴。子孙邑于秦，因有秦氏。春秋时鲁有秦冉、秦商、秦非名列七十二子。”[2] 此时秦姓子孙散居他处者已无从考证。“至汉之彭以循吏传，唐之琼以武功显，史书不详所自出。独天宝之乱东海钓者，系徙避高邮武宁乡左厢里。”[3] 北宋时期出现了一位著名的秦姓词人，就是无锡秦氏的始祖——秦观。他留下了许多不朽的词作，不仅在文学上有一定的建树，而且也一定程度上参与了北宋的政治，与当时许多文人名士都有很深的交往。他“见苏轼于徐，为赋黄楼，轼以为有屈、宋才”，

秦观像

---

❶（民国）秦毓钧．锡山秦氏文钞：序四［M］．咏烈堂印行，民国十九年（1930）．
❷（民国）秦毓钧．锡山秦氏文钞：卷之八［M］．咏烈堂印行，民国十九年（1930）．
❸（民国）秦毓钧．锡山秦氏文钞：卷之八［M］．咏烈堂印行，民国十九年（1930）．

苏轼"又介其诗于王安石，安石亦谓清新似包谢"[1]。东坡甚至盛赞"少游文章如美玉无瑕"[2]。死后"宋赠直龙图阁学士"[3]。

无锡秦氏在明清时期成为江南望族，"自古名门右族世称邑望者，非特侈阀阅炫簪缨科第以夸耀"。而真正的望族应该是，"人文秀起，世多贤士大夫，卓然有可传者"[4]。无锡秦氏正是这样的望族，除秦观为北宋著名词人名垂青史外，其后代也是名人辈出。"明修敬、景美二公远绍祖芬，斐然有作。继以中斋、乐易、从川、文桥诸公，家世能文。端敏暨舜峰公兼懋事功，非徒以翰墨为勋绩。至逊清而苍岘山人鸣盛于国初，小岘山人赓雅于中叶。其间文恭公又以纂修五礼之暇，著有味经文钞，立言胥根乎经术"[5]，所以说"锡山秦氏之盛，人第艳，称其科第联翩，子孙通显"[6]。在秦氏宗祠大门上曾经挂了这样一副对联："辰未联科双鼎甲，高玄接武十词林"，意思是说秦氏家族在乾隆辰、未两科[7]考试中，接连两次中了探花，而在祖孙五代中有十名进士点了翰林。

明清时期秦氏在科举方面成绩卓著，有众多子孙在科举考试中脱颖而出。秦氏从明朝中叶到清乾嘉时期，"服官中外者一时恒有数十人，而应春秋二试亦如之。榜发，必有掇巍科、登上第者。而出为名宦、为循吏，处为文学、为醇儒、为孝子悌弟，又历历可数"[8]。不仅在仕途上，在其他方面秦氏也堪称望族。在做学为文方面，秦氏人才辈出，经学、理学、辞章之学、治古文方面均有涉

---

[1] （元）脱脱等撰．宋史·文苑传：卷四百四十四［M］．北京：中华书局，1977.
[2] 丁傅靖．宋人轶事汇编：卷十三［M］．北京：商务印书馆，1935.
[3] （清）秦焕．秦氏丛谭：卷之二［M］．内蒙古图书馆藏手抄本．
[4] （民国）秦毓钧．锡山秦氏文钞·序四［M］．咏烈堂印行，民国十九年（1930）．
[5] （民国）秦毓钧．锡山秦氏文钞·序四［M］．咏烈堂印行，民国十九年（1930）．
[6] （清）秦焕．秦氏丛谭：卷之二［M］．内蒙古图书馆藏手抄本．
[7] 指乾隆元年（丙辰）和乾隆四年（己未），即公元1736年和1739年两科。
[8] （民国）秦毓钧．锡山秦氏文钞：卷之九［M］．咏烈堂印行，民国十九年（1930）．

及。秦氏族人著述颇多，遗憾的是有很多著述都已失传。

1.1 迁锡始末

秦氏始祖最初居住于会稽，“后徙淮海，中间世系显晦之详荐兵燹，莫可考据。其见于图者，由宋赠直龙图阁观始”❶。秦观之子“处度公湛，官常州通判，卜居于常，地号秦村”❷。秦湛之母逝世时，为了使父母合葬，他将秦观的墓也迁到了无锡之璨山。但是洞庭秦氏宗谱却记载秦氏：“由高邮迁武进者，为淮海公孙处度公子曰南翁。或言处度通判常州时，即家焉，未知孰是。”❸

根据无锡秦氏的记载，因为秦湛通判常州，其子南翁“爰念祖墓在锡，乃籍晋陵新塘乡，因名秦村”❹。秦湛之后，其子孙世代聚族而居，“其后分洞庭秦氏，分无锡秦氏，分嘉定秦氏为三大支”❺。洞庭秦氏乃“淮海公四传，有名宗迈者，传自昆陵支，迁吴洞庭山，及上海洞庭，于南宋时颇繁盛。其后子孙多贾于湖湘，今长沙有秦氏，固洞庭支也”❻。但是关于洞庭支的始迁祖，相关记载也并不一致。《锡山秦氏文钞》中记载：“锡山之西为五湖，环五湖皆山，而郁然耸拔秀于诸峰者，惟洞庭为最。山有东西两峰，西山之麓为秦家堡，吾宗赠光禄益之公，爱山水

秦湛像

---

❶ （清）秦尧曦，秦赓彤．锡山秦氏宗谱・原序［M］．同治十二年（1873）．木活字本．
❷ （民国）秦毓钧．锡山秦氏文钞：卷之首［M］．咏烈堂印行，民国十九年（1930）．
❸ （民国）秦毓钧．锡山秦氏文钞：卷之九［M］．咏烈堂印行，民国十九年（1930）．
❹ （清）秦焕．秦氏丛谭：卷之一［M］．内蒙古图书馆藏手抄本．
❺ （民国）秦毓钧．锡山秦氏文钞：卷之首［M］．咏烈堂印行，民国十九年（1930）．
❻ （清）秦焕．秦氏丛谭：卷之二［M］．内蒙古图书馆藏手抄本．

之胜，迁居此地，遂以为名。”[1]“洞庭有东西两山，秦氏始居于西山，后有迁于东山者，并有迁吴江、迁上海，及远之青徐、湖广者。”[2]洞庭支也曾颇为繁盛，“自宋迄元明间，代有伟人纡青拖紫。著勋于朝者，先后相望”[3]。没有迁徙到洞庭而留于常州者，或“北徙洛阳镇”或“南徙马迹山”，“居秦村者别为东西宅院”。“自元而明，或分高邮之左厢里”，“或分无锡之陡门”。[4]无锡陡门秦氏与现在所说的无锡秦氏是有区别的。“陡门分派自少游公孙小五公，十一传至继陵公，自秦村徙居无锡之陡门为第一世。”[5]（但其他族谱有记有南翁之人，陡门秦氏认为没有南翁这个人，所以此处称小五为少游公孙）另外，还有移居上海的。

秦湛之后，无锡秦氏先祖族谱甚略，仅仅保留下来子孙的简单介绍。根据《锡山秦氏宗谱》的简略记载，其世系大致如下：

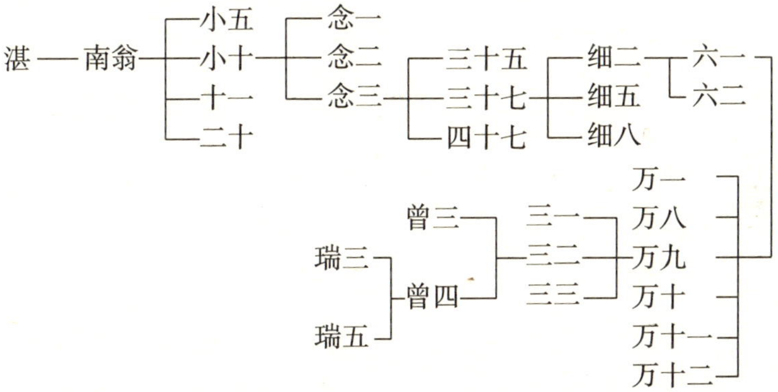

谱 1－1　秦湛以后，秦惟桢以前秦氏世系图[6]

---

[1]（民国）秦毓钧．锡山秦氏文钞：卷之五［M］．咏烈堂印行，民国十九年（1930）．

[2]（民国）秦毓钧．锡山秦氏文钞：卷之九［M］．咏烈堂印行，民国十九年（1930）．

[3]（民国）秦毓钧．锡山秦氏文钞：卷之五［M］．咏烈堂印行，民国十九年（1930）．

[4]（民国）秦毓钧．锡山秦氏文钞：卷之首［M］．咏烈堂印行，民国十九年（1930）．

[5]（民国）秦毓钧．锡山秦氏文钞：卷之五［M］．咏烈堂印行，民国十九年（1930）．

[6] 资料来源：（清）秦尧曦，秦赓彤．锡山秦氏宗谱·原序［M］．同治十二年（1873）．木活字本．

但是，这一世袭分支也很有争议。因为湛之子为南翁，而南翁之子小十秦煦，字世和，号振南。因此，后人认为“不应该以父讳为号，后谱遂去之”[1]。因此锡山秦氏族谱与其他秦氏族谱并不一致，有的族谱记载湛之子为南翁，而有的族谱里却没有南翁这个人，湛之下直接就是小五，小十一代。秦镛认为：“南翁者，非讳非号。疑即振南翁之称。而后人脱误略之云而。盖自江北迁江南，自处度公始。故处度公子其一则曰：‘吾殆将隐于江南乎！’故又曰振南也。”[2] 所以，具体有没有南翁这个人，现有的史料并不能提供确切的答案。但秦镛所讲不无道理，可备一说。

自秦湛之后，秦氏子孙便世代居住于武进新塘乡秦村，到了瑞五公惟桢时才迁居到无锡。惟桢后，秦氏又开始有了比较确切的记载。

秦惟桢，字国祥，号起山，生卒年不详。他“少时孤恃，艰险备尝。尝游锡邑，鸿禧监簿王野舟先生见而赏之，遂妻以女”[3]。秦惟桢大约于“宋淳祐年间婿于无锡富安乡胡埭”[4]。真正的无锡秦氏也是自此开始的，秦惟桢即无锡秦氏的始迁祖。

虽然无锡秦氏自瑞五公惟桢始，但是有关他的记载也不是很多。族谱载：其淡泊名利，“每积德于人所不见处”。有子三：伯容、仲益、叔谦。因为“性喜松、竹、梅，故以名其三子。伯容曰松隐、仲益曰竹隐、叔谦曰梅隐”[5]。三隐之后才是秦氏真正繁衍、繁盛期。“竹隐之后发祥于修敬公（秦旭），今日最为繁衍。梅隐公之后发祥于先端敏公（秦金）。”[6] 三隐中竹隐、梅隐两公后

[1] （清）秦焕．秦氏丛谭：卷之二［M］．内蒙古图书馆藏手抄本．
[2] （清）秦尧曦，秦赓彤．锡山秦氏宗谱：卷之首·凡例［M］．同治十二年（1873）．木活字本．
[3] （清）秦焕．秦氏丛谭：卷之二［M］．内蒙古图书馆藏手抄本．
[4] （清）秦焕．秦氏丛谭：卷之二［M］．内蒙古图书馆藏手抄本．
[5] （清）秦焕．秦氏丛谭：卷之二［M］．内蒙古图书馆藏手抄本．
[6] （清）秦尧曦，秦赓彤．锡山秦氏宗谱·原序［M］．同治十二年（1873）．木活字本．

代最为繁盛，秦氏后代有史可寻的，大部分都是他们的后裔。

但是，秦氏早期却称不上名门望族，而是家境贫寒。“瑞五公后，类多农家者流。”[1] 即使有为官的，也都是地方小吏。但是，不管是为民还是为吏，秦氏从一开始就树立了良好的家风。竹隐公仲益之子彦和，号遁轩，“平生谨重，质直警敏不露。宗族称孝，乡党称悌，官属士大夫称淳正。由胡埭徙居邑城玄文里，自少至老，始终如一”[2]。

秦惟桢像

彦和生四子，分别为孟昇、仲昇、叔昇、季昇。季昇号成趣，名琛，儿时起就读书勤奋，但却“不喜干禄，曰：吾闻之事者，尽其心不以己之得于外者，为父母荣也”。族长老因为其子秦旭嗜学，而请秦旭就举子业，秦琛却说：“吾惟儿一人，忍令一日去左右哉?”当时流传的谚语说：“子而仕，虽有离尤乐也。子而弗仕，虽无离尤弗乐也。”秦琛却：“不乐乎人情之所同乐，而深乐乎人情之所不乐，以是处身，以是教子。”[3] 同乃父一样，他也为乡人称道，“孟叔二兄早逝，诸侄皆少孤，视之如己子。曰：此吾兄之后，皆吾先人之后也”[4]。在乡党中以忠心自持，所以乡人多倚任焉，并且“善与人交，无翕热，故久而益亲”[5]，乡人都十分敬重他。秦琛以诗书礼义“倡之子孙，以是承之，或洪其源，或浚其波宜其流”[6]，正是在秦氏先祖这样的教导和影响下，日后秦氏才如此兴盛。

---

[1]（民国）秦毓钧．锡山秦氏文钞：卷之九［M］．咏烈堂印行，民国十九年（1930）．

[2]（民国）秦毓钧．锡山秦氏文钞：卷之二［M］．咏烈堂印行，民国十九年（1930）．

[3]（民国）秦毓钧．锡山秦氏文钞：卷之二［M］．咏烈堂印行，民国十九年（1930）．

[4]（民国）秦毓钧．锡山秦氏文钞：卷之二［M］．咏烈堂印行，民国十九年（1930）．

[5]（民国）秦毓钧．锡山秦氏文钞：卷之二［M］．咏烈堂印行，民国十九年（1930）．

[6]（民国）秦毓钧．锡山秦氏文钞：卷之二［M］．咏烈堂印行，民国十九年（1930）．

1.2 世系分支

无锡秦氏与其他秦氏相比更为繁盛，这是因为“迁锡者，自瑞五府君始，子孙繁衍，虽派别支分，甚少他徙。故海内言氏族者，必首推锡山秦氏”❶。甚少他徙不是没有迁徙，只是与其他氏族相比，迁徙者相对较少。

无锡秦氏为秦氏一大宗，全部是惟桢后代子孙。惟桢迁居无锡，其兄弟或仍居秦村，或迁居他乡，“瑞五公之从兄有曰惟忠者，字国良，行名瑞一，居秦村是为东宅。胞长兄有曰惟善者，字国宝，行名瑞三，号湖山隐氏，自秦村徙居旧渎，是为西宅”❷。瑞三公分支为江邑水南秦氏。瑞三公后，其孙仲辉“自昆陵徙居江邑水南乡之北澜。即分瑞三公继别之宗”❸。他们与无锡秦氏相区别，但都以始祖秦观为源头。兹据《锡山秦氏宗谱》将惟桢之系氏谱列于后。

无锡秦氏真正的兴盛地，是在无锡城内，而惟桢迁锡是迁到了胡埭，“自瑞五公三传至遁轩府君（秦彦和），迁于邑城之第六箭河元文里，是为始迁邑城之祖”❹。从彦和起，无锡秦氏就很少再迁徙，即使居住地有一定变化也是居住于无锡城内。“遁轩公仲子俭节公，自城徙居沙头，时在洪武之末，终明之世至国初，凡八传皆居于是。”❺ 另外，秦氏还有西关秦与河上秦之分。“明成化以后，中斋（秦夔）官布政使，端敏公（秦金）官尚书”，“中斋先

---

❶ （民国）秦毓钧．锡山秦氏文钞：卷之九［M］．咏烈堂印行，民国十九年（1930）．
❷ （清）秦焕．秦氏丛谭：卷之二［M］．内蒙古图书馆藏手抄本．
❸ （民国）秦毓钧．锡山秦氏文钞：卷之五［M］．咏烈堂印行，民国十九年（1930）．
❹ （清）秦焕．秦氏丛谭：卷之二［M］．内蒙古图书馆藏手抄本．
❺ （民国）秦毓钧．锡山秦氏文钞：卷之八［M］．咏烈堂印行，民国十九年（1930）．

已由胡埭迁居城中之师古河，而端敏亦迁邑城之西”❶。这就是河上秦与西关秦之分。

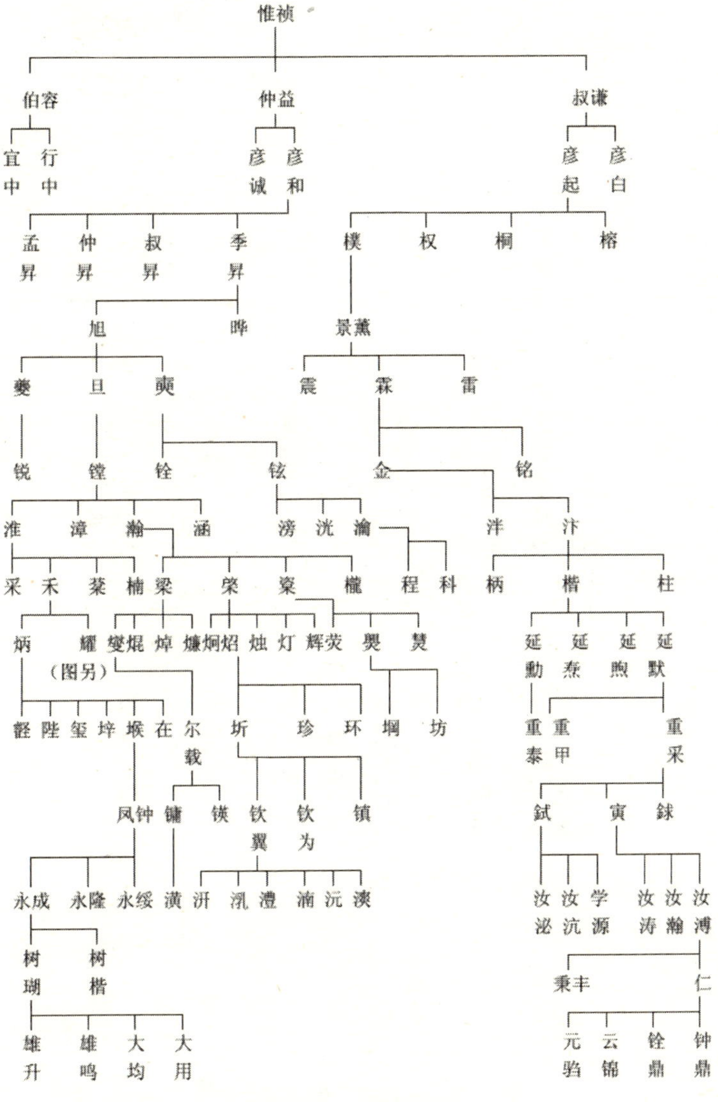

谱1-2　无锡秦氏世系图之一❷

❶（民国）秦毓钧．锡山秦氏文钞：卷之七［M］．咏烈堂印行，民国十九年（1930）．

❷ 资料来源：（清）秦尧曦，秦赓彤．锡山秦氏宗谱：卷之首［M］．同治十二年（1873）．木活字本．

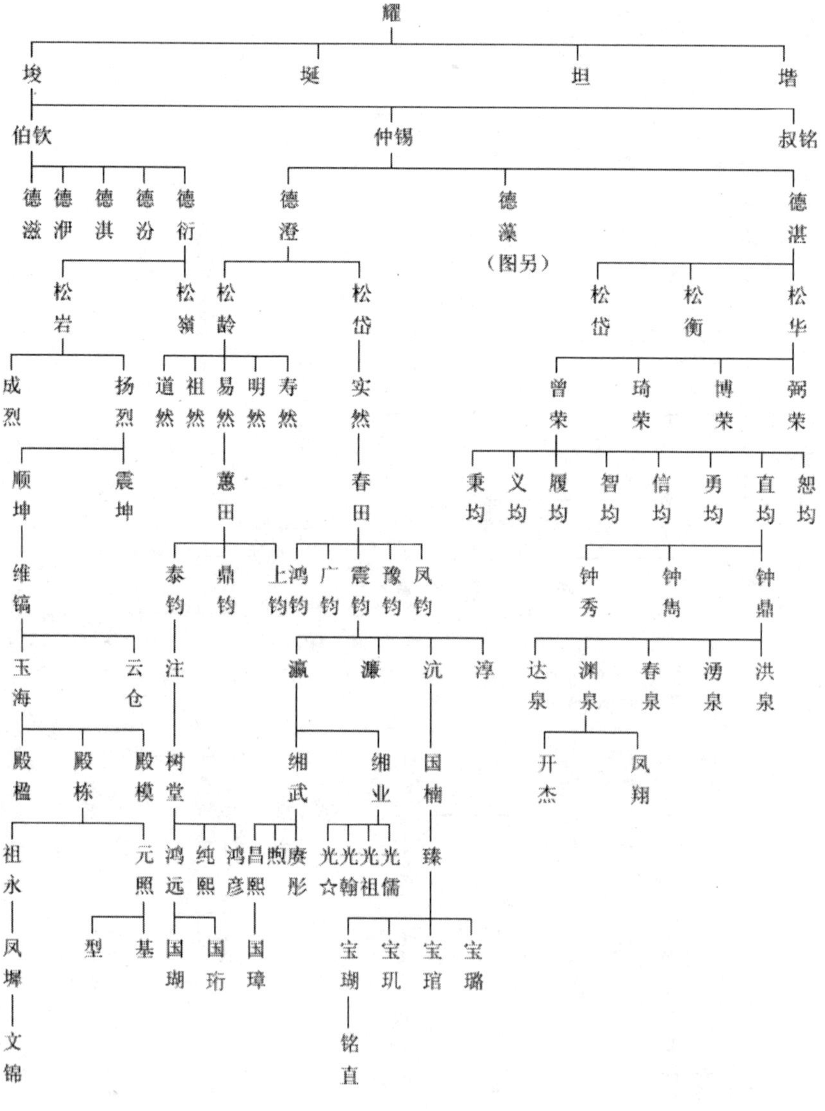

谱 1－3　无锡秦氏世系图之二[1]

[1] 资料来源：（清）秦尧曦，秦赓彤．锡山秦氏宗谱：卷之首［M］．同治十二年（1873）．木活字本．

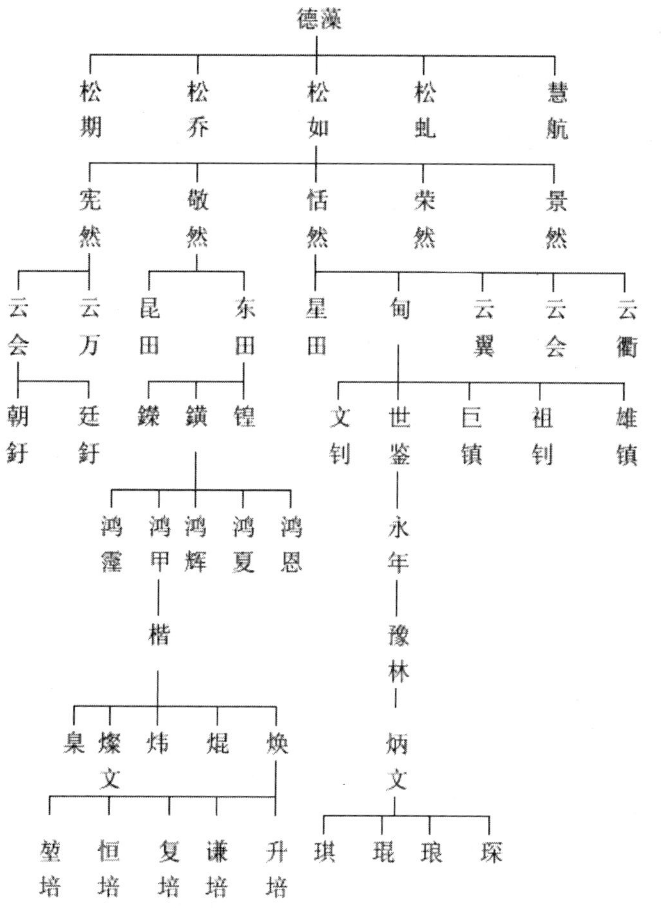

谱1-4 无锡秦氏世系图之三❶

自淮海公以下，秦氏有众多分支，无锡秦氏属其中大宗。关于迁徙始末，各种记载并不十分一致。但是综观无锡秦氏的记载来看，无锡秦氏是“处度府君，始迁昆陵之祖也。瑞五府君，始迁无锡之祖也。遁轩府君始迁邑城之祖也”❷。

---

❶ 资料来源：（清）秦尧曦，秦赓彤．锡山秦氏宗谱：卷之首［M］．同治十二年（1873）．木活字本．

❷ （民国）秦毓钧．锡山秦氏文钞：卷之三［M］．咏烈堂印行，民国十九年（1930）．

1.3 家声初振

明清时期是无锡秦氏的鼎盛时期，在此阶段，无锡秦氏名人辈出，远远超过了北宋时期，在仕途、科举以及文化方面都取得了一定的成就，成了名副其实的东南望族。这一阶段是从修敬公秦旭开始的。

秦旭为无锡秦氏第五代子孙，“字景旸，号修敬，私谥贞靖先生”。“以子夔封承德郎、南京兵部主事，晋中宪大夫、湖广武昌府知府。生永乐庚寅（永乐八年，1410 年）八月廿六，卒弘治甲寅（弘治七年，1494 年）十一月十六，寿八十五。”[1]

秦旭从小酷爱读书，年少时因其读书颇有潜质，族长老劝说其父让他参加科举考试，但是乃父因只有一子，没有同意。秦旭也“以单子请终养，不敢治举子业”[2]。所以，秦旭终生没有参加科举考试，但他在诗歌方面颇有造诣。吟诗作对“天与奇趣，吐语惊人”[3]。“时侍御成公始终名能为诗，一时无当其意者。”但他唯独喜欢秦旭的诗作，评价秦旭“是后必以诗名家”[4]。时人也评价秦旭的诗说：“先生诗因事成言，遇景命赋，直吐胸臆，风骨自存。”[5]

秦旭生平“独喜为山泽之游，尝与斯文十老即二泉幽绝处，结碧山吟社”[6]。每月他们都以诗会友，“会则酌酒赋诗为乐”。碧

---

❶（清）秦尧曦，秦赓彤. 锡山秦氏宗谱：卷之一［M］. 同治十二年（1873）. 木活字本.

❷（明）秦旭. 修敬集·附录［M］//秦氏三府君集. 味经堂印行，民国十八年（1929）. 木活字本.

❸（民国）秦毓钧. 锡山秦氏文钞：卷之一［M］. 咏烈堂印行，民国十九年（1930）.

❹（明）秦旭. 修敬集·附录［M］//秦氏三府君集. 味经堂印行，民国十八年（1929）. 木活字本.

❺（清）秦彬. 锡山秦氏诗钞·前集：卷一［M］. 道光十九年（1839），刻本.

❻（民国）秦毓钧. 锡山秦氏文钞：卷之一［M］. 咏烈堂印行，民国十九年（1930）.

山吟社由十人组成，个个都“衣冠俊伟，望若神仙。诗卷画图流传海内”[1]。他们结成碧山吟社是在成化末年、弘治初年，其成员都是归隐山园不参与仕途的隐君子。“其会则惟论诗，诗成有燕肴核、数盘饭、一盅酒、八九行而已。”[2] 碧山吟社看似松散，但是为约甚严，“十人之外不参以俗客，虽盛暑祁寒，必各以其服至，不亵不散，一会一诗，必命题、必起稿，若为课然者”[3]。碧山吟社为约如此之严，秦旭功不可没。十人中他最为年长，尝为约曰：“吾侪幸生盛明之世，重荷文明之化，既无公卿大夫之责，又无农工商贾之劳。惟歌咏太平，以形容国家之盛，此分内事耳。然饱食终日，无所用心，圣人所戒。自今务以德义相劝，过失相规，言无妄诞，行无诡堕，期无愧于古人，无惭于后进，斯幸矣。不然吟咏虽工，宁免将来之訾议乎？”[4] 吟社之中因其“诗格类陆游”[5]，所以他的诗歌恒为首倡。如果其他人因故不能赴会，秦旭便独自坐轿，在两三个仆人的陪同下，独自到郊外去，“遇会心处，辄欣然停止，山僧野老时时乞诗，亦随意与之不拒也”[6]。

碧山吟社旧址

正统年间，秦旭因为家境殷实而担任万石长，但他却并不热

❶ （清）秦焕．秦氏丛谭：卷之二［M］．内蒙古图书馆藏手抄本．

❷ （清）顾光旭．梁溪诗钞：卷之五［M］．文苑阁，清宣统三年（1911）．

❸ （清）顾光旭．梁溪诗钞：卷之五［M］．文苑阁，清宣统三年（1911）．

❹ （明）秦旭．修敬集·附录［M］//秦氏三府君集．味经堂印行，民国十八年（1929）．木活字本。

❺ （清）尹继善等修，黄之隽等纂．江南通志：卷一百六十八［M］//文渊阁四库全书．第511本．台北：台湾“商务印书馆”，1986．

❻ （民国）秦毓钧．锡山秦氏文钞：卷之一［M］．咏烈堂印行，民国十九年（1930）．

衷于此，而是“去而益肆于学，其学以正心诚意为本，不事章句”。读《论语》“修己以敬”一句时，颇有感悟，曰：“此真君子自治其身之万金良药也。因取修敬二字，颜所居室，且以自号。”❶ 生活中“凡行己接物，一以是为准。家庭内外，斩斩僮仆，各职其职，无敢哗者”❷。为人处世严于律己，“庄重寡言，举止有度”❸。对待宾客“怡然终日，风范未尝少颓，亦无疾言遽色，世方尚巧”。训诫子孙则“必以先行实，而后文艺”。“家庭之内以清谨闻性，不喜见权贵人，亦不喜为轩庭斩绝之行，要以天下中庸自处。”❹ 所以，乡人都十分敬畏他，“里中有为不善者辄相戒：‘勿令秦翁知’”❺。此话出自秦氏后裔之笔，恐有过誉之嫌，但其恭谨严肃的道学面孔仍可见一斑。

秦旭天性孝友，父患病时他“夜稽颡北辰，求代死，发为之变白”❻。有兄弟孤贫，不能自立，就养之终身，“虽一味之甘，必割而饷之，否则惨然弗乐也”❼。每年对祖先的祭祀毫不马虎，每次都事先斋戒，“即事视牲省器，虽老矣，一不属他人”❽。不但对待自己的家人这样，对外人也乐善好施。里中有吴姓者，“尝贷金百，星商于江湖间”❾。一次翻船，钱财全部溺于水中，因“惧无

---

❶ （民国）秦毓钧．锡山秦氏文钞：卷之一［M］．咏烈堂印行，民国十九年（1930）．

❷ （明）秦旭．修敬集·附录［M］//秦氏三府君集．味经堂印行，民国十八年（1929）．木活字本．

❸ （清）秦彬．锡山秦氏诗钞·前集：卷一［M］．道光十九年（1839）．刻本．

❹ （民国）秦毓钧．锡山秦氏文钞：卷之一［M］．咏烈堂印行，民国十九年（1930）．

❺ （清）秦彬．锡山秦氏诗钞·前集：卷一［M］．道光十九年（1839）．刻本．

❻ （明）秦旭．修敬集·附录［M］//秦氏三府君集．味经堂印行，民国十八年（1929）．木活字本．

❼ （民国）秦毓钧．锡山秦氏文钞：卷之一［M］．咏烈堂印行，民国十九年（1930）．

❽ （民国）秦毓钧．锡山秦氏文钞：卷之一［M］．咏烈堂印行，民国十九年（1930）．

❾ （民国）秦毓钧．锡山秦氏文钞：卷之一［M］．咏烈堂印行，民国十九年（1930）．

以偿，欲自经”[1]。秦旭听说后，马上找来安慰：“若免葬江鱼腹中，幸矣，尚顾其他耶?”[2] 并且拿钱给他。乡人由此更加敬重，“人滋以是称长者”[3]。

天顺年间秦旭以长子夔贵，“蒙恩封南京兵部主事，未几复进中宪大夫，湖广武昌府知府”[4]，人们都认为这是十分荣耀的事，而秦旭却仍处之泊如。到了晚年，“益自谦抑，闭门焚香，易足未尝轻出”。“邑大夫岁行乡饮，请冠宾席，亦不赴”。弥留之际自信地对子孙说：“吾于世无不足者。”卒后数月，友人认为他：“学道动息有养，葆光全素，卒以令终。据德考行宜有以追表之。”[5] 于是私谥贞靖先生。

Ⅱ. 科举世家：宦海青云梯

秦氏家族早期人物由于历史、社会及自身等原因，并没有能继承其先人秦观的事业。无锡秦氏第六代子孙秦夔说：“吾秦氏自少游先生父子以科名文章显于宋，其后子孙皆遁迹儒农，寥寥四百余年，无能继其后者。”[6] 元朝时期蒙古族主政，在科举入仕方面汉族难免受到压抑，即使有一定的才华也很难施展，所以秦氏在元代没有值得称道的成就也不足为奇。明朝初期恢复科举制度

---

❶ （明）秦旭．修敬集·附录［M］//秦氏三府君集．味经堂印行，民国十八年（1929）．木活字本．

❷ （明）秦旭．修敬集·附录［M］//秦氏三府君集．味经堂印行，民国十八年（1929）．木活字本．

❸ （民国）秦毓钧．锡山秦氏文钞：卷之一［M］．咏烈堂印行，民国十九年（1930）．

❹ （民国）秦毓钧．锡山秦氏文钞：卷之一［M］．咏烈堂印行，民国十九年（1930）．

❺ （民国）秦毓钧．锡山秦氏文钞：卷之一［M］．咏烈堂印行，民国十九年（1930）．

❻ （民国）秦毓钧．锡山秦氏文钞：卷之一［M］．咏烈堂印行，民国十九年（1930）．

之后，秦氏经过初年的积累阶段，逐渐在科举中崭露头角，并最终成为江南望族。

2.1 科名之始

秦氏迁居无锡之后，明朝初期并没有登榜者，直到英宗天顺年间才出现了第一位中榜之人——秦夔。从此，无锡秦氏开始了科举生涯。

秦夔，字廷韶，一字中孚，号中斋，生宣德癸丑（宣德八年，1433 年）五月初三，卒弘治乙卯（弘治八年，1495 年）十二月十二，寿六十三。“初为邑痒生。中天顺己卯（天顺三年，1459 年）应天乡试，登天顺庚辰（天顺四年，1460 年）王一夔榜进士。任南京兵部武库司主事。升职方司员外郎。成化壬辰（成化八年，1472 年）擢湖广武昌府知府，封中宪大夫。复受江西建昌府知府，升福建右参政，转江西右布政使。以父老引疾归，归十年，丁父尤，亦卒。”❶ 秦夔形容自己中榜时说：“如六阴之极而一阳渐萌，此吾秦氏科名发轫之一初也。”❷ 正是由他起，秦氏不但成为科举家族，也成为仕宦之家。

秦夔“初授南京兵部主事，奏革冗隶，以杜请托出”❸。后又“晋郎中，出为武昌、建昌两郡太守，所至有殊绩”❹。在武昌任职时“兴学科农，缓刑均役”❺。设立均徭法，这一措施为上司所肯

❶ （清）秦尧曦，秦赓彤．锡山秦氏宗谱：卷之二［M］．同治十二年（1873）．木活字本．
❷ （民国）秦毓钧．锡山秦氏文钞：卷之一［M］．咏烈堂印行，民国十九年（1930）．
❸ （明）周邦杰修，秦梁纂．无锡县志：卷十五［M］．明万历二年（1574）．刻本．
❹ （清）顾光旭．梁溪诗钞：卷之五［M］．文苑阁，清宣统三年（1911）．
❺ （明）周邦杰修，秦梁纂．无锡县志：卷十五［M］．明万历二年（1574）．刻本．

定，“监司下其规约于诸郡”[1]，“治行为湖南第一”[2]。

秦夔为官不但有一定的政绩，而且为人耿直、清廉，明察秋毫。任武昌知府时，“资以官舟，不受。其故人为卿相，招见，竟不往诣”[3]。一次在江边见“一妇人缚而委之沙中，未殊死”[4]，原来此人是杭州人柳氏，与丈夫外出经商，在江上遇到了强盗，因其誓死不从才会如此。“夔即日踪迹得盗，置之法，而归妇人于其家。”[5]

“民有将讼其令于上者，令疑所仇何某者为之。阴令人首何他事，遂文致其罪，置极典。夔疑焉，密鞫首者，得其情而释之。”[6]秦夔因为断案而被时人肯定，他郡有断不了的案子也来找他。“吉水大姓彭与伍相奏讦，逮至百余人，久不决。”秦夔接手此案后，即日“择旷地立木，系囚，使人相去各数丈，次第严诘之”[7]。囚犯招认的供词有很多自相矛盾之处，于是谎言不攻自破，只好吐露实情，案子破了之后人心大快。这两件事情使他威望更高。

秦夔为官四十余年，“仅有田三百亩，清白之操近世所稀有也”[8]。不但为官被世人称道，秦夔的诗也得到了世人的肯定。人称其“风高儒雅，登高能赋，不规规于吏事”[9]。评价说：“廷韶诗始骛中唐久之，得其风格，既而学杜，复参以苏黄。”[10]

---

[1]（清）秦缃业．无锡金匮县志：卷十九［M］．光绪六年（1880）．
[2]（明）周邦杰修，秦梁纂．无锡县志：卷十五［M］．明万历二年（1574）．刻本．
[3]（清）迈柱等监修，夏力恕等编纂．湖广通志：卷四十三［M］//文渊阁四库全书．第532本．台北：台湾“商务印书馆”，1986.
[4]（清）顾光旭．梁溪诗钞：卷之五［M］．文苑阁，清宣统三年（1911）．
[5]（清）秦缃业．无锡金匮县志：卷十九［M］．光绪六年（1880）．
[6]（清）秦缃业．无锡金匮县志：卷十九［M］．光绪六年（1880）．
[7]（清）顾光旭．梁溪诗钞：卷之五［M］．文苑阁，清宣统三年（1911）．
[8]（明）周邦杰修，秦梁纂．无锡县志：卷十五［M］．明万历二年（1574）．刻本．
[9]（明）周邦杰修，秦梁纂．无锡县志：卷十五［M］．明万历二年（1574）．刻本．
[10]（清）顾光旭．梁溪诗钞：卷之五［M］．文苑阁，清宣统三年（1911）．

2.2 尚书府第

秦氏科名自秦夔始，而真正使秦氏在明代科举成就达到鼎盛的却是秦金。

秦金，字国声，号凤山，“弘治六年进士。授户部主事，历郎中”，“世宗即位，改吏部。言官论金无人伦鉴，复改户部，转左暑部事”。嘉靖二年（1523）“擢南京礼部尚书”，“寻就改兵部”。嘉靖六年（1527）又“召为工部尚书，加太子太保”[1]。“明封光禄大夫，太子太保，兵部尚书。”[2] 历孝宗、武宗、世宗三朝，是名副其实的三朝元老。他为人正直、清廉，在朝时针对权臣当道，力主“政不可一日不在朝廷，权不可一日移于左右”，“历三朝始终一节，有古大臣风”。[3] 76 岁时赠少保，谥端敏。

秦金像

秦金“少勤敏读书，昼夜不辍”[4]。其父作为启蒙老师，对他影响颇深。父秦霖“字润乎，号卑牧，以子金封承德郎、户部福建司主事，累奉政大夫，户部四川司郎中，通议大夫，都察院右副御史，资政大夫、户部尚书、光禄大夫、太子太保、南京兵部尚书。生宣德丁未（宣德二年，1427 年）九月初五，卒弘治癸亥（弘治十六年，1503 年）正月初九，寿七十七。”[5] 秦

---

[1]（清）张廷玉．明史·秦金传：卷一百九十四［M］．北京：中华书局，1974.

[2]（清）秦焕．秦氏丛谭：卷之二［M］．内蒙古图书馆藏手抄本．

[3]（清）秦焕．秦氏丛谭：卷之三［M］．内蒙古图书馆藏手抄本．

[4]（明）周邦杰修，秦梁纂．无锡县志：卷十五［M］．明万历二年（1574）．刻本．

[5]（清）秦尧曦，秦赓彤．锡山秦氏宗谱：卷之二［M］．同治十二年（1873）．木活字本．

霖以上“五世食贫，孜孜成人之美”。“四十无子，积德累功多人所不见处。四十一始生公。”[1]

秦金很小的时候就从父习启蒙之学，“退为家人解，即能了其大义十有七八”。而且他读书十分勤奋，“自童时即颖秀不群，见群儿戏，每却避之，端默自若”。一生“手不释卷，至忘饥渴寒暑”[2]。一直到晚年，都坚持勤奋刻苦的精神，归隐之后，“每晨起，正襟危坐，令两青衣展大板四书、五经、史册一道相对朗诵。公凭几听之，耄而好学以自儆如此”[3]。秦金年少时随父亲到学馆学习，主人设宴待客，没有邀请他。于是“卑牧出句命对曰：‘东家设席儿无分。’公对曰：‘北阕登科我有名’。……父始奇之”[4]。此虽有父子通谋作秀之嫌，但仍不失为好对。还有一次，其父与众人一起，要以陆续怀橘命一诗。陆续怀橘一典出自《三国志·吴书·陆续传》。陆续实为陆绩之误，陆绩三国时吴郡吴县人。他的父亲陆康德行很好，曾被举为孝廉，东汉末年担任庐江太守。在父亲的教导下，陆绩小时候对父母就很孝顺。陆绩6岁那年，跟从父亲住在庐江。当时，袁术带领一支军队占据九江（安徽寿县）。一天，陆康带着陆绩拜访袁术，袁术拿出橘子招待他们父子。袁术的橘子又大又甜，外面很少见到。陆绩吃到这样好的橘子，不觉想起庐江家中的母亲。他想，母亲从来没吃到这么好的橘子，应当让她尝一尝。于是，趁大人们交谈的时候，悄悄将三只橘子塞进怀中。不料，告辞的时候那三只橘子突然滚了出来。陆康看了，很是尴尬。袁术见陆绩活泼有趣，笑着对他说：“你来做

---

[1] （清）顾光旭．梁溪诗钞：卷之六［M］．文苑阁，清宣统三年（1911）．

[2] （明）秦金．凤山诗集·附录［M］//秦氏三府君集．味经堂印行，民国十八年（1929）．木活字本．

[3] （清）秦云锦．先城集补·先城［M］．乾隆六十年（1795）．刻本．

[4] （民国）秦毓钧．锡山秦氏文钞：卷之一［M］．咏烈堂印行，民国十九年（1930）．

宾客，还怀藏橘子吗?”陆绩很有礼貌地回答说：“我想带回去给母亲吃。”袁术见他这么小就懂得孝敬母亲，大为惊奇，连声称赞：“你真是个好孩子，真是个好孩子!”秦金领题后，“授笔立就。其词曰：‘公纪因心孝，怀柑奉母慈。拜时曾坠地，袁术大奇之。’”结果“满座惊叹，谓为神授”❶。

秦金20岁时（成化二十二年，1486年）“由儒士赴选郡邑以致督学御史，三试皆第一。故相徐文靖公（徐溥）在位，召试馆职”。他却“以父老，急归省，不就”。徐文靖公更加欣赏他，“尝谓人曰：‘释褐新进，能知忠孝大节，不有秦氏子耶。’”❷

嘉靖三十四年（1555），秦金任户部主事，第二年又“监临清仓，勘顺天等府”。在职三年，“考绩铨曹署曰：‘文学政事并优奏上。推恩封赠其母及钮夫人（秦金之妻）如制”❸。此后，秦金的政治才能逐渐显露。“尚书周经简视诸司章奏，深器重之。”❹ 不久升任河南司署员外郎，再进山西司署郎中。这时边地告警，在职者无法筹集粮饷。“大宰清溪倪公岳、司徒独山吕公钟患之，谓非异才不能济。”于是急召秦金，他“条陈时宜，曲中绥急。二公谓为得人”❺。

弘治十六年（1503），“丁父尤，泣血，三年不与户外事”❻。正德改元登基（1506），任户部四川司郎中。

---

❶ （明）秦金．凤山诗集·附录［M］//秦氏三府君集．味经堂印行，民国十八年（1929）．木活字本．

❷ （明）秦金．凤山诗集·附录［M］//秦氏三府君集．味经堂印行，民国十八年（1929）．木活字本．

❸ （明）秦金．凤山诗集·附录［M］//秦氏三府君集．味经堂印行，民国十八年（1929）．木活字本．

❹ （明）周邦杰修，秦梁纂．无锡县志：卷十五［M］．明万历二年（1574）．刻本．

❺ （明）秦金．凤山诗集·附录［M］//秦氏三府君集．味经堂印行，民国十八年（1929）．木活字本．

❻ （明）秦金．凤山诗集·附录［M］//秦氏三府君集．味经堂印行，民国十八年（1929）．木活字本．

秦金为官深知百姓疾苦，有“中官梁，谏请下部采金玉宝石，奸人逯俊等乞两淮盐引三十万。金皆力争”❶。正德三年（1508），礼部请秦金担任会试同考官，他“以族人子弟多人试，辞不敢赴”。同年，升河南按察司副使，提督学校。秦金“以身范士，严立课程，凡所甄拔，率多享用”。结果，“朝绅之士，自郎署至公卿，翘翘然而贤者，半为公之门人”❷。

正德五年（1510），升左参政。当时有叛民❸“啸聚亡命，长驱河洛。所过焚烧城邑，杀吏民”❹。秦金“缮城堡、峙糗粮，会参将”❺。鼓舞军心，并且积极发动民众力量，以民兵鼓战，“行部至封丘，流贼奄至，遂破之于陈桥”❻。是役“斩贼首若干级，生擒其魁。封邱晏然，土人生为立祠”❼。正德八年（1513），任山东左布政使。“重念民遭贼刃，极意拊循”❽。采取了一系列有利于民的措施，大得民心。正德九年（1514）任都察院右副都御使，巡抚湖广期间，仅“挟二仆以从，不携妻子。所至问疾苦，诛奸邪”，同时“奏上便宜八事，继上十事。四事皆艰危切务”❾。是时，又有盗贼四面蜂起，秦金再次展示了其军事才华，“盗贺璋、

❶（清）秦缃业．无锡金匮县志：卷十九［M］．光绪六年（1880）．

❷（明）秦金．凤山诗集·附录［M］//秦氏三府君集．味经堂印行．民国十八年（1929）．木活字本．

❸ 正德初，秦金任河南提学副使后改右参政。这里所说的叛乱是指在其守开封时发生的赵鐩之乱。

❹（明）秦金．凤山诗集·附录［M］//秦氏三府君集．味经堂印行，民国十八年（1929）．木活字本．

❺（明）秦金．凤山诗集·附录［M］//秦氏三府君集．味经堂印行，民国十八年（1929）．木活字本．

❻（明）周邦杰修，秦梁纂．无锡县志：卷十五．明万历二年（1574）．刻本．

❼（明）秦金．凤山诗集·附录［M］//秦氏三府君集．味经堂印行，民国十八年（1929）．木活字本．

❽（明）秦金．凤山诗集·附录［M］//秦氏三府君集．味经堂印行，民国十八年（1929）．木活字本．

❾（明）秦金．凤山诗集·附录［M］//秦氏三府君集．味经堂印行，民国十八年（1929）．木活字本．

罗大洪复叛，讨平之。郴州桂阳猺龚福全称王，金先后大破，擒之及其党刘福兴等，楚乱遂平”。正德十四年（1519）武宗亲征江西，当时任中官的李镇及朱彬“肆威横索，官民涂炭。”❶ 秦金“抗辞直奏，请以一身当之。民免于毒”❷。

明朝中后期，土地兼并日趋严重，特别是皇亲、贵族以及勋戚侵占了大量土地，但却无人敢言。秦金在解决土地兼并问题中做了极大的努力，并且发挥了重要作用。巡抚湖广期间，他清理了王府所侵占的土地，“诸王府所据山场湖荡，皆奏还之官”❸。世宗即位后，各宫仍然建皇庄侵占民间土地。“永福长公主乞宝坻、武清地，以金言颇减”。原来赐给魏国公徐达的土地在其卒后归还朝廷，“定国公光祚请之，金执不可”❹。秦金为此得罪了许多权贵。针对土地问题他上疏说：“西汉盛时以宛囿赋贫民，今奈何剥民以益?”世宗及时下旨究办此事，“正德间额外侵占者悉归其主，而尽撤管庄之人”❺。

正德十五年（1520）秦金升户部右侍郎，十六年改任吏部，不久又改为户部左侍郎。其后，他仍继续关注土地兼并问题，“清理勋戚庄田，禁革势、要盐引，创籍句稽”❻。

秦金为官多年，多次因政绩或军功而升职或被奖赏。因讨伐有功而“三载考绩诰进阶通议大夫，赠封其三代，荫一子”。嘉靖二年（1523）又升南京礼部尚书、兵部尚书又改户部尚书。任户

---

❶（清）迈柱等监修，夏力恕等编纂．湖广通志：卷四十一［M］//文渊阁四库全书．第532本．台北：台湾“商务印书馆”，1986.

❷（明）秦金．凤山诗集・附录［M］//秦氏三府君集．味经堂印行，民国十八年（1929）．木活字本．

❸（清）张廷玉．明史・秦金传：卷一百九十四［M］．北京：中华书局，1974.

❹（清）张廷玉．明史・秦金传：卷一百九十四［M］．北京：中华书局，1974.

❺（清）秦缃业．无锡金匮县志：卷十九［M］．光绪六年（1880）．

❻（明）秦金．凤山诗集・附录［M］//秦氏三府君集．味经堂印行，民国十八年（1929）．木活字本．

部尚书时，“因条奏处时政以备国，凡数事琅琅千余言，一言一药皆治世”。嘉靖五年（1526）考绩中，“诰加授资政大夫，加赠三代及钮夫人如制”❶。

嘉靖六年（1527），秦金已61岁，他上疏请求告老还乡，“上赐玺书宝钞，乘传以归，乃命有司岁给舆隶，月给廪有差”。对于他的乞归，诸大臣纷纷上奏请他留下来。回乡之后，又于嘉靖十年（1531）起复，先后任南京户部尚书、工部尚书。任工部尚书期间，“时庙工方殷，公夙夜在。公督视维谨，料理有法，大工赖之”❷。后来又在考绩中进太子少保、太子太保。“帝（世宗）与张孚敬评诸大臣，以金为贤。”❸ 此时秦金因为年事已高，屡次上疏言归，但都没有得到允许。直到七十岁时（嘉靖十五年，1536年）世宗才允其归乡。同时又给予特别的优待，命其乡“岁给舆廪如初”，后又“例给四代诰命”，并晋级光禄大夫。❹

秦金不但受到民众的爱戴，皇帝的赏识，而且同僚也对他赞赏有加。严嵩与秦金一起在朝为官多年，严嵩评论秦金道：“余与公同仕两京几二十年，道义相交好”，并且说：“公生平志务经世，博极天下之故识。达时变而守之以正，平居温温乐易，当其职守，毫发不可夺。”❺ 严嵩世称奸相，秦金能与其周旋，且得其好评，如不是同流合污，便说明其在政治上也是长袖善舞。

秦金为官忧国忧民，以不畏权贵、敢于直谏而闻名。不但曾

---

❶ （明）秦金．凤山诗集·附录［M］//秦氏三府君集．味经堂印行，民国十八年（1929）．木活字本．

❷ （明）秦金．凤山诗集·附录［M］//秦氏三府君集．味经堂印行，民国十八年（1929）．木活字本．

❸ （清）张廷玉．明史·秦金传：卷一百九十四［M］．北京：中华书局，1974.

❹ （明）秦金．凤山诗集·附录［M］//秦氏三府君集．味经堂印行，民国十八年（1929）．木活字本．

❺ （明）秦金．凤山诗集·神道碑［M］//秦氏三府君集．味经堂印行，民国十八年（1929）．木活字本．

为皇庄事件而上疏，还多次上疏指出皇帝的不妥之处。这也使他的仕途十分波折。嘉靖二年（1523）任南京礼部尚书时，上疏说："陛下临御未几，政渐不如初。初政所以清明者，政出公朝也。今政所以淆溷者，政在左右也。宫府之地隔，而信任有偏，妇寺之情亲，而听受有所蔽。名曰总揽，而太阿之镈实移于下矣。"[1] 他还认为世宗初年社会动荡是因为世宗"诏令不如初也，任贤不如初也，听纳不如初也"[2]。要改变这种情况皇帝必须大权独揽，不能被旁人左右。

他极力维护正统皇权，即使与皇帝有正面冲突也毫不畏惧。在大礼议事件中，世宗要尊其生父为兴献帝，秦金"偕廷臣伏阙争，又与何孟春等条张璁建议之非"[3]。皇帝问及此事说："'倡者为谁?'孟春言：'臣与尚书秦金等。'"[4] 世宗为册封其生母举行仪式时，秦金等人都没有到场。世宗震怒，秦金也因此不得不归隐家乡，若干年后才得以复出。

总之，秦金"为人乐易，及居官一以廉正自持，在户部尤孜孜为国"[5]。生平"志在经济而守之以正，居常恂恂乐易，及当职毫发不可夺。奖善覆恶荐宠后进，人称为钜德"[6]。仕途生涯中担任了许多重要的官职，其住所的对联曾经写道："九转三朝太保，两京五部尚书。"[7] 可见他当时的地位多么显赫。故其府邸又称"尚书第"。其子孙繁衍，成为了秦氏之一大宗。

---

❶（清）秦缃业．无锡金匮县志：卷十九［M］．光绪六年（1880）．

❷（清）顾光旭．梁溪诗钞：卷之六［M］．文苑阁，清宣统三年（1911），

❸（清）张廷玉．明史·秦金传：卷一百九十四［M］．北京：中华书局，1974.

❹（明）秦金．凤山诗集·附录［M］//秦氏三府君集．味经堂印行，民国十八年（1929）．木活字本．

❺（清）秦缃业．无锡金匮县志：卷十九［M］．光绪六年（1880）．

❻（明）周邦杰修，秦梁纂．无锡县志：卷十五［M］．明万历二年（1574）．刻本．

❼（民国）秦毓钧．锡山秦氏文钞：卷之一［M］．咏烈堂印行，民国十九年（1930）．

自秦金开始秦氏在明代真正振兴起来，此后不断有子孙陆续登榜，秦氏在科举走上了鼎盛。

2.3 有为之吏

无锡秦氏从秦夔、秦金开始科举入仕，后辈虽然没有他们那样显赫的地位，但也不乏有为之吏。值得一提的有以下数位。

2.3.1 秦梁

秦梁（秦旭玄孙），字子成，号虹洲。生正德乙亥（正德十年，1515 年）十月廿四，卒万历戊寅（万历六年，1578 年）九月廿四，寿六十四。初为邑禀生。中嘉靖癸卯（嘉靖二十二年，1543 年）应天乡试。登嘉靖丁未（嘉靖二十六年，1547 年）李春芳榜进士，任南昌推官。嘉靖三十年（1551），擢吏科给事中，以言事忤旨，受廷杖责罚。寻以督外城功，升通政司参议转左参议。三十七年（1558），改南京太仆寺少卿，四十年（1561），迁鸿胪寺卿，再迁南京通政司副使。出为浙江布政司左参议，四十一年（1562），调山东按察司副使。四十三年（1564）改浙江提学副使，升本省参政。四十四年（1565），擢湖广按察司，四十五年（1566），升江西右布政使。丁外艰，遂不仕。[1]

秦梁 29 岁中举人，33 岁中进士，是无锡秦氏中进士之第三人，初授南昌府推官。期间“有盗平十二者，负险时出剽劫”。秦梁经过严密的侦察，了解到尉某暗地与盗匪勾结。于是将其缉拿，审问时，“尉某栗搏颡请命。乃曰：‘尔能离其党而以酋来为贷尔

---

[1] （清）秦尧曦，秦赓彤．锡山秦氏宗谱：卷之九［M］．同治十二年（1873）．木活字本．

命。'"❶ 于是此案告破，巨盗被除。"上官奇其才，荐于朝，拜吏科给事中。"❷ 京师筑外城，秦梁被任命管理此项工程，"同事宦官侵冒工帑，核罢之。"❸ 再次显示了他的办事能力与刚正不阿的作风。严嵩之子"严世蕃以工事久器之"❹。秦梁也因为严世蕃的赏识而与严氏关系密切。他之所以能步步高升除自身政绩外，与严氏的密切关系也是一个重要的原因。严世蕃曾经派人问秦梁："'公一岁再迁，亦知所自乎谬?'应曰：'不知也，将无以久次耶!'"❺ 提学浙江期间也颇有政绩，"所识拔多英雄，雅负人望。"❻ 时逢乡试之期，在将近5个月共有11个郡县参加的考试中，"中式九十五人，而梁所首拔，居五十有六"。虽然与严氏关系密切，但是他任通政司参议期间"忤严嵩，出督浙学"❼。此后又任湖广按察司使，以江西右布政司使致仕。

2.3.2 秦禾

秦禾（秦旭玄孙），字子实，号文桥，生正德丁丑（正德十二年，1517年）廿三，卒嘉靖丙寅（嘉靖四十五年，1566年）九月十二。初为邑庠生。中嘉靖庚子（嘉靖十九年，1540年）应天乡试，癸丑（嘉靖三十二年，1553年）登陈谨榜进士。是无锡秦氏中进士之第四人。曾"任浙江武康县知县，升南京工部主事，进本部员外郎。擢浙江金华府知府，以从兄梁督学浙江回避，改云

---

❶ （清）秦缃业．无锡金匮县志：卷十九［M］．光绪六年（1880）．

❷ （清）顾光旭．梁溪诗钞：卷之八［M］．文苑阁，清宣统三年（1911）．

❸ （清）尹继善等修，黄之隽等纂．江南通志：卷一百四十二［M］//文渊阁四库全书．第511本．台北：台湾"商务印书馆"，1986.

❹ （清）顾光旭．梁溪诗钞：卷之八［M］．文苑阁，清宣统三年（1911）．

❺ （清）顾光旭．梁溪诗钞：卷之八［M］．文苑阁，清宣统三年（1911）．

❻ （清）秦缃业．无锡金匮县志：卷十九［M］．光绪六年（1880）．

❼ （清）尹继善等修．黄之隽等纂．江南通志：卷一百四十二［M］//文渊阁四库全书．第511本．台北：台湾"商务印书馆"，1986.

南永昌府知府，卒于官。以子耀赠中宪大夫、太常寺少卿”❶。

初令武康时，武康县富民都通过用钱财贿赂官员的办法而得免徭役，加重了贫弱百姓的负担。为了改变这种情况，“乃创为十段鼠尾法，吏民无所容私，徭役称平”❷。是时时局很不稳定，浙西经常有倭寇侵袭。有司有欲筑城以御倭者。秦禾阻曰：“筑城民益惊扰，是启寇也。”在他的坚持下没有筑城，而是“募壮勇，栅要害以守之”❸。倭寇将至之际，“有数妖僧突入市中”，秦禾察觉他们并不是真正的僧人，“令劳以酒食，阳约御寇受赏”❹，把他们全部抓了起来。倭寇闻讯不敢来犯，武康因此而得以保全。秦禾的谋略不仅表现在军事上，在其他方面也有所展露。有人议论榷小关以分利，而他却说：“此不烦颊舌也，第大关宽，小关自废矣。益平关税不令雍滞。”❺ 于是商船都自大关出，而没有从小关出的，时间久了，小关果然都撤了。

秦禾为官十分清廉。令武康期间，仰慕孟东野为人，于是搜访《东野集》十卷，并将之镌刻。“乃内转还朝，行李萧然无长物，惟载《东野集》一簏，馈四方宾客而已。”❻ 他虽为无锡秦氏中进士之第四人，但并没有多么显赫的地位，而真正地位显赫的是秦氏中进士之第五人，秦禾之子——秦耀。

2.3.3 秦耀

无锡秦氏到第十代子孙秦耀再次地位显赫，成为自秦金以来

---

❶ （清）秦尧曦，秦赓彤．锡山秦氏宗谱：卷之七上［M］．同治十二年（1873）．木活字本．

❷ （清）顾光旭．梁溪诗钞：卷之八［M］．文苑阁．清宣统三年（1911）．

❸ （清）秦缃业．无锡金匮县志：卷十九［M］．光绪六年（1880）．

❹ （清）顾光旭．梁溪诗钞：卷之八［M］．文苑阁，清宣统三年（1911）．

❺ （清）黄蛟起撰．西神丛语·智略［M］//昭代丛书．吴江沈氏世楷堂，清道光间，民国八年（1919）重修：57.

❻ （清）秦彬．锡山秦氏诗钞·前集：卷五［M］．道光十九年（1839）．刻本．

又一担任高官要职者。

秦耀“字道明，号舜峰，生嘉靖甲辰（嘉靖二十三年，1544年）正月三十，卒万历甲辰（万历三十二年，1604年）五月十五，寿六十一。初附太学生，中嘉靖甲子（嘉靖四十三年，1564年）应天乡试，隆庆五年（1571）登张元忭榜进士，改翰林院庶吉士，授刑科给事中，后升吏科都给事中，充万历八年（1580）会试同考官。万历十年（1582），升太常寺少卿，提督四夷馆。十一年（1583），升太仆寺卿，十三年（1585），转光禄寺卿。十四年（1586），升督察院右佥都御史，巡抚南赣，以平岑冈李贼李佩、妖僧李圆郎功，升右副都御史，巡抚湖广。十九年（1591）为忌者所讦，被污解职。”[1]

秦耀会试为张居正门生。“居正枋国颇操切，诸官僚独才耀。”[2] 秦耀对时政多所陈奏，居正戒之曰：“持论何过峻耶?”他回答说：“当言则言耳。”[3]张居正卒后，秦耀曾被“忌者论公与江陵[4]密”[5]，而受到牵连。在秦耀的陈辩下才免于受难，但也被降职。其实其与张居正并不是朋党关系，只是张居正比较赏识他的才华，但“终江陵之世，未尝有殊擢”[6]。

秦耀像

秦耀与秦金类似，在平寇除叛方面颇有成就。任都御史之职

---

❶ （清）秦尧曦，秦赓彤．锡山秦氏宗谱：卷之七上［M］．同治十二年（1873）．木活字本．

❷ （清）秦缃业．无锡金匮县志：卷十九［M］．光绪六年（1880）．

❸ （清）秦彬．锡山秦氏诗钞·前集：卷七［M］．道光十九年（1839）．刻本．

❹ 张居正字叔大，号太岳，因其是湖广江陵人（今属湖北）所以此处称其为江陵。

❺ （民国）秦毓钧．锡山秦氏文钞：卷之七［M］．咏烈堂印行，民国十九年（1930）．

❻ （民国）秦毓钧．锡山秦氏文钞：卷之七［M］．咏烈堂印行，民国十九年（1930）．

巡抚南赣时，平定了李佩之乱。李佩是岑冈巨匪，盘踞时间较长，且势力较大，地方官很久以来都没有将其铲除。秦耀“莅官甫三日，擒岑冈贼李佩，倾其巢”❶。又有李圆郎以白莲教蛊惑民众。秦耀“刻日齐发，扑于未然。殪其渠而散解其众”❷。他也因此受到“神庙玺书褒奖，并书‘擒获有功’四字”❸。

三年之后，他巡抚湖广，“岁旱饥疫，疏请籴穀行赈，全活及收瘗无算”❹。有衡州府同知沈鈇“鸷而善讦，上官皆惮之，莫敢问”。沈鈇向秦耀告发其他官员，秦耀严厉地呵斥了他。“追公去楚，日夜伺其短，不得会。”❺ 在他人的唆使下，沈鈇上疏告发秦耀侵吞公款。秦耀移楚（湖北）时，“楚中例，抚臣岁以罚锾五千两饷边。”而他至楚时，已有“前此一年者未解也”❻。衙门经费相当紧张，本来是每年一千两为额，但是不但当年的公费已经用光，第二年的也已经预支了。时遇岁荒，秦耀想尽办法将其补足。沈鈇却污蔑他侵吞白银一万五千两。秦耀因此被解职。朝廷轻信沈鈇之言，事实上还是因为想要铲除与张居正关系密切的官员。对于此事，“当世士大夫无不知公之冤”❼。

归隐之后，秦耀将先人秦金所建的园林——凤谷行窝改建，并取名“寄畅园”，“雅得泉石池之胜，每集名流佳客觞咏其中”❽。寄畅园也因为他的改筑而更具魅力，最终成为江南名园。

秦梁、秦禾、秦耀等人，虽然在官场上都没有达到秦金那样

---

❶（清）秦缃业．无锡金匮县志：卷十九［M］．光绪六年（1880）．

❷（清）顾光旭．梁溪诗钞：卷之八［M］．文苑阁，清宣统三年（1911）．

❸（民国）秦毓钧．锡山秦氏文钞：卷之七［M］．咏烈堂印行，民国十九年（1930）．

❹（清）尹继善等修，黄之隽等纂．江南通志：卷一百四十二［M］//文渊阁四库全书．第511本．台北：台湾“商务印书馆”，1986.

❺（清）秦彬．锡山秦氏诗钞·前集：卷七［M］．道光十九年（1839）．刻本．

❻（民国）秦毓钧．锡山秦氏文钞：卷之七［M］．咏烈堂印行，民国十九年（1930）．

❼（民国）秦毓钧．锡山秦氏文钞：卷之七［M］．咏烈堂印行，民国十九年（1930）．

❽（清）秦彬．锡山秦氏诗钞·前集：卷七［M］．道光十九年（1839）．刻本．

显赫的地位，但是他们的成就与努力维持了秦氏家族的官宦地位。

2.4 明朝遗老

明朝中后期，朱明王朝日益腐化，当权者不是昏庸无能便是偏听偏信、刚愎自用。统治机构中存在的问题不断积累，最终使明政权病入膏肓，以致瘫痪。其衰兆在中期已初露端倪，到神宗万历年间更是江河日下。秦镛便出生在这一动荡的年代。

秦镛，字大音，号弱水，岁贡生，中崇祯庚午（崇祯三年，1630年）顺天乡试。丁丑（崇祯十年，1637年）登刘同升榜进士。生阴万历丁酉（万历二十五年，1597年）八月十九，卒清顺治辛丑（顺治十八年，1661年）闰七月十八，寿六十五。曾任清江县知县。崇祯十二年（1639），充江西乡试同考官。十六年（1643）入觐，补山东蓬莱县知县，行去离任。十七年（1644）考授河南道监察御史，寻告归。屏居城东，杜门读易，自题曰千修馆。卒后崇祀清江明宦祠，东林道南祠门人祀之千修馆，今称秦御史祠，私谥文孝。❶

秦镛是秦惟桢第十二代子孙。“年十一而孤，谨守父训，事母尽孝。”❷ 16岁时，补邑弟子员，在其参加的考试中，不论大试小试都名列前茅。“二十七，蜀孙六吉先生来督学，首拔之，始食饩。”❸ 1628年崇祯帝改元登基，命各郡县各举明经一人，秦镛被推荐到王廷应试。秦镛应试为文与其他人截然不同，“不具稿题，至兀坐如枯禅。或遥案徐行，耳若无闻，目若无见”，然而“操笔

---

❶ （清）秦尧曦，秦赓彤．锡山秦氏宗谱：卷之九［M］．同治十二年（1873）．木活字本．
❷ （民国）秦毓钧．锡山秦氏文钞：卷之三［M］．咏烈堂印行，民国十九年（1930）．
❸ （民国）秦毓钧．锡山秦氏文钞：卷之三［M］．咏烈堂印行，民国十九年（1930）．

布纸千言立就”[1]，见者都惊叹不已。虽然才华横溢、满腹经纶，但仕途并不一帆风顺。“戊午（万历四十六年，1618 年）至丁卯（天启七年，1627 年）四试南闱，辄遭按剑。”[2] 直到丁丑年间（崇祯十年，1637 年）才在科举中有所成就，赐三甲进士。从此开始了仕途生涯。

崇祯十一年（1638）三月，他到任清江县。崇祯年间，明政权已病入膏肓，地方更是一片混乱。清江县也是“饥馑荐臻，盗贼多有”[3]。秦镛一到任就力图改变这一局面，多给百姓以实惠。“清江县素佥富民为马户，富民窜入胥吏，累贫户。”[4] 这对于本已经食不果腹的贫民来说无疑是雪上加霜。秦镛到任后“为政特严，优免之律，贫民获脱”。[5]

当时清江县有“苏大盗、龚森九，啸聚沃场，羽翼日众，行且揭竿而起”[6]。秦镛“选差委簿，指授方略，昏夜中若为田夫也者”，命人假装去割他们的庄稼。龚森九带领人马追出来，结果中计，束手就擒。对余下的叛民秦镛也采取了欲擒故纵的办法，“忽一日统帅壮丁，托为远出。道经者亲至其家”，另外一名首犯也被抓住，叛民望风解散。针对清江的现状，秦镛提出了五劝四禁之歌，“五劝者：一曰早完粮，二曰公水利，三曰务本业，四曰行保甲，五曰立社仓。四禁者：一曰窝盗，二曰思子赘婿，三曰好讼，四曰轻生亡命”[7]。他提出的这一“五劝四禁歌”对清江人影响极大。期间还“修梅家畲以捍水灾，新萧滩驿以安行旅，葺大德门

---

[1]（民国）秦毓钧. 锡山秦氏文钞：卷之三［M］. 咏烈堂印行，民国十九年（1930）.
[2]（民国）秦毓钧. 锡山秦氏文钞：卷之三［M］. 咏烈堂印行，民国十九年（1930）.
[3]（民国）秦毓钧. 锡山秦氏文钞：卷之三［M］. 咏烈堂印行，民国十九年（1930）.
[4]（清）秦彬. 锡山秦氏诗钞·前集：卷八［M］. 道光十九年（1839）. 刻本.
[5]（民国）秦毓钧. 锡山秦氏文钞：卷之三［M］. 咏烈堂印行，民国十九年（1930）.
[6]（民国）秦毓钧. 锡山秦氏文钞：卷之三［M］. 咏烈堂印行，民国十九年（1930）.
[7]（民国）秦毓钧. 锡山秦氏文钞：卷之三［M］. 咏烈堂印行，民国十九年（1930）.

以御暴客，建立义仓以备欠赈贷，厘正名宦乡贤祀典无舛漏，以兴教化、美风俗。而簿书之暇，尤以造就人才为急务焉”❶。崇祯十二年（1639）的分校秋闱中，清江地区“撤棘得七人，副荐得四人，皆文林翘楚。豫章人士相传，以为美谈”。当时清江县没有邑志，秦镛便“搜讨旧辛，纲罗散失，创成清江县志八卷，以补三百年之缺典。凡山川、人物、礼乐、兵农得失、兴废，瞭如指掌”❷。

正是因为秦镛在担任清江县令的五年当中为清江人民做了如此之多的实事，所以在他离任时“邑父老子弟云集雷呼，拥前旌不听去。或怀果提壶，追饯三百里外，依依不忍别”。清江百姓“攀辕眷恋，若婴儿之失乳也”❸。这段文字来源于秦氏自家的记载，溢美之词在所难免，但从相关业绩看，其在任期间也确实做了一些对当地有益的事。

他离任清江之际，“燕赵齐鲁之区洊经兵火，长吏皆缺员。上以安集流亡非俗吏能胜任”，于是召集了26个比较得力的官员，“悉令暂补残破州县，以待今秋新进之士。”秦镛则被指派担任山东蓬莱县令。而“蓬滨海危疆，三遭变故，最为难理”。秦镛担任了六个月的蓬莱县令，“其发政施令，必诚必信。其劝农息讼，积谷除戎。矜孤独，弭盗贼，一以清江之治为治”。崇祯十七年（1644）三月，李自成攻陷北京，崇祯帝自缢于景山，福王在南京称制。听到此消息后，秦镛“呼天抢地，痛不欲生”。甚至“尝欲投缳自尽，为家人所觉，不果”❹。怀着对明朝复兴的一线希望，

❶（民国）秦毓钧．锡山秦氏文钞：卷之三［M］．咏烈堂印行，民国十九年（1930）．
❷（民国）秦毓钧．锡山秦氏文钞：卷之三［M］．咏烈堂印行，民国十九年（1930）．
❸（民国）秦毓钧．锡山秦氏文钞：卷之三［M］．咏烈堂印行，民国十九年（1930）．
❹（民国）秦毓钧．锡山秦氏文钞：卷之三［M］．咏烈堂印行，民国十九年（1930）．

他“以御使征至南都”[1]。并屡次上疏“兴夜寐日，以献可替否激浊扬清为己任”[2]。但是，新建立的南明政权仍然十分腐败，秦镛屡次上疏都没有得到重视，“见马阮枋用，时事溃烂，”于是“讬疾归，未几而南都亦亡”[3]。至此，也结束了他的仕途生涯。

秦镛虽然生活在明朝末年动荡、混乱的年代，在政治上没有担当过什么要职，但他坚守自己的人生信条，在有限的任职期限和地方有相当好的口碑。“待人则厚，自奉则菲。淡泊寡营性，不解米盐田舍为何事。计七年孝廉，六年县令，一年侍御，二十五年称乡先生。先世田畴鬻去四之一，此外绝无尺土之拓、寸椽之构”。[4] 在权势面前也毫不屈服，有权贵拉拢秦镛，但他却不为所动。人称“秦御使不受一人恩，真天子门生也”[5]。

明朝灭亡之后，秦镛“独居城东弓河之上，自题曰：千休馆。惟与门弟子讲习主静之学，闭门读易”[6]。千休馆位于寺庙之中，十分狭窄。而秦镛“萧然日榻栖止其中，除岁时祀先，朔望谒庙外，足迹绝不至家。如是者十七年如一日也”[7]。正是在这十七年当中，他潜心研究学问，先后写出了《易序图说》、《参同阁文集》、《周子通篇半解》、《皇极内篇》、《小衍》等著作。秦镛一生

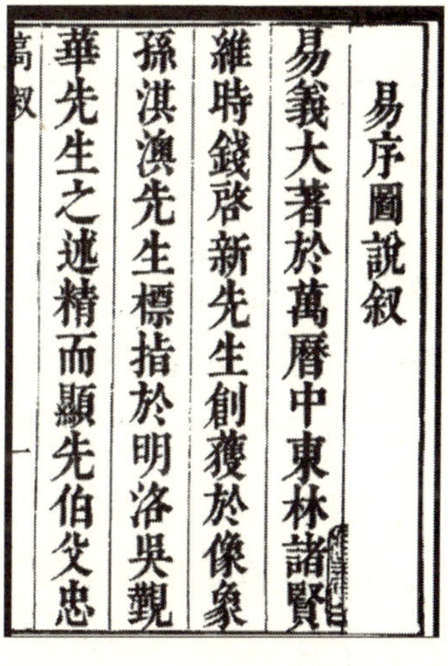
易序圖說叙
易義大著於萬曆中東林諸賢
維時錢啓新先生創獲於像象
孫淇澳先生標指於明洛奥覲
華先生之述精而顯先伯父忠

秦镛《易序图说》书影

---

❶ （民国）秦毓钧．锡山秦氏文钞：卷之七［M］．咏烈堂印行，民国十九年（1930）．
❷ （民国）秦毓钧．锡山秦氏文钞：卷之三［M］．咏烈堂印行，民国十九年（1930）．
❸ （民国）秦毓钧．锡山秦氏文钞：卷之三［M］．咏烈堂印行，民国十九年（1930）．
❹ （民国）秦毓钧．锡山秦氏文钞：卷之三［M］．咏烈堂印行，民国十九年（1930）．
❺ （民国）秦毓钧．锡山秦氏文钞：卷之三［M］．咏烈堂印行，民国十九年（1930）．
❻ （清）秦瀛．无锡金匮县志：卷二十一［M］．1813．刻本．
❼ （民国）秦毓钧．锡山秦氏文钞：卷之三［M］．咏烈堂印行，民国十九年（1930）．

“为子而孝，为兄而友。出为循吏，入为名谏，教育则为名师，讲习则为益友，守先待后则为醇儒”[1]。因此他在政绩、孝友、学问方面都有所成就，在秦氏众多子孙中是十分难能可贵的。

2.5 新桃旧符

无锡秦氏经过明清替革之后，在清朝初年又开始逐渐崛起。明清之际，秦氏子孙秦汧、秦沅等人较早投附清政权。顺治年间，清朝为笼络江南士人，重开科考，江南许多知识分子在经历了激烈反抗、消极抵抗后，逐渐采取合作态度，通过科举加入新王朝。作为江南望族的秦氏自然也不例外，通过科举考试又有人参与到清政权当中。顺康年间，有秦鉽为殿试第三人，又有秦松龄被荐举为博学鸿儒。从此，无锡秦氏有更多的子孙加入到清政权的行列当中，与明时一样，秦氏地位开始逐渐显赫起来。

秦鉽与秦松龄同年考中进士，是无锡秦氏在清朝较早通过科举进入仕途者。秦鉽“生于明天启元年（1621）三月初七，卒于康熙二十六年（1687）六月十二，终年六十七岁”[2]。顺治十二年（1655）参加会试，取得第一名，参加廷对获得第三名，授编修。“出为广东参议，备兵严杭，有告无为邪教者，其教戒饮酒食肉。鉽即于堂下各食以酒肉，散遣之。按察江西有叛人久未获，所司得姓名相似者，锻炼诬服。鉽讯释之，贼亦旋获。后迁湖广粮储道告归。”[3]

秦鉽祖“念桥公，高才博学，仅以明经为县令。先生发愤攻

---

[1] （民国）秦毓钧．锡山秦氏文钞：卷之三［M］．咏烈堂印行，民国十九年（1930）．

[2] （民国）秦毓钧．锡山秦氏文钞：卷之四［M］．咏烈堂印行，民国十九年（1930）．

[3] （清）尹继善等修，黄之隽等纂．江南通志：卷一百四十二［M］//文渊阁四库全书．第511本．台北：台湾“商务印书馆”，1986.

苦，欲补前人未竟之志，故自号补念”[1]。秦鉽“性凝重，初就傅屹然如成人”[2]。“舅祖武进吴霞舟先生见而惊叹，以为国器。”[3]

秦鉽殿试时被“召见南海子，赐袍服比第一人”[4]。顺治皇帝十分欣赏秦鉽的书法，阅廷试之卷时阅至第三人，顺治帝问读卷官：“卿知此卷为谁?”官员说不知。顺治帝曰：“此会元秦鉽作也，朕于其书法知之。”[5] 拆卷之后，果然是秦鉽之卷，顺治帝大悦。被任翰林院编修之后，“辰入院，兀坐一室，穷经究史，讲求当世之务，必剖本根、见始终而后已”[6]。与后辈松龄同在翰林院，因此时人称为“大秦小秦”。“大秦性方严，同馆三十余人，读书之暇或聚而嬉，凡语涉谐谑，率相戒勿令大秦知。”[7]

在仕途生涯中，他明察秋毫，除奸除恶，为民请命。顺治十五年（1658）充会试同考官，“得二十三人，多知名士”[8]。“大学士合肥李天馥其所取士也。”[9] 后“会世祖皇帝亲简词臣外补，先生与焉，遂转广东参议，分守雷州道”[10]。在雷州任职时，劝说靖南王（耿继茂）取消了“市豆输纳费”，救民于水火之中。又扫除了以黄占三、王之翰为首的叛民。任浙江杭严兵备副使时，以妙计清除了邪教。任江西按察使时，事事亲力亲为，体恤下属疾苦，平日不苟言笑，对小胥贱隶也从不轻易呵斥。“几案间簿籍鳞次，皆手定招稿，法比精审。又皆用楷书，无行草者。”[11] 之所以这样，

---

[1] （清）秦松龄．苍岘山人文集：卷六［M］．清嘉庆二年（1797）．刻本．
[2] （民国）秦毓钧．锡山秦氏文钞：卷之四［M］．咏烈堂印行，民国十九年（1930）．
[3] （民国）秦毓钧．锡山秦氏文钞：卷之四［M］．咏烈堂印行，民国十九年（1930）．
[4] （清）秦缃业．无锡金匮县志：卷二十［M］．光绪六年（1880）．
[5] （清）陈康祺．郎潜纪闻二笔：卷六［M］．北京：中华书局，1984：437.
[6] （清）秦松龄．苍岘山人文集：卷六［M］．清嘉庆二年（1797）．刻本．
[7] （清）陈康祺．郎潜纪闻二笔：卷六［M］．北京：中华书局，1984：438.
[8] （清）秦松龄．苍岘山人文集：卷六［M］．清嘉庆二年（1797）．刻本．
[9] （清）秦缃业．无锡金匮县志：卷二十［M］．光绪六年（1880）．
[10] （清）秦松龄．苍岘山人文集：卷六［M］．清嘉庆二年（1797）．刻本．
[11] （清）秦松龄．苍岘山人文集：卷六［M］．清嘉庆二年（1797）．刻本．

是因为他认为“刑狱何事而可委手胥吏？吾恐心力不尽，不觉劳也”[1]。

他为官清廉，顺治十八年（1661）任陕西榆林参政，“初至时卧一木榻，吏请索藤休于属县，先生不许。终三年不易也”。上任之时“贫不能治装”，“道远仅携一二家僮往”。妻子在家竟到了“卖香易米”的地步，“见者以为，前辈士大夫家清约未有若是者”[2]。回乡之后，尽力帮助乡人中有困难者。[3]

秦鉽作为无锡秦氏清代登科的先驱，开始了清代秦氏的官宦生涯，在新旧革替中，较早摘去旧符换新桃。在他之后，秦氏子孙登科者屡见不鲜，其兴盛程度与明代相比有过之而无不及。此后进入仕途的秦氏子孙大都有所成就。康乾时期，两位皇帝曾经数次幸临秦氏家族，此阶段也正是秦氏的鼎盛阶段。这自然也离不开其先人的努力。

2.6 宦海沉浮

无锡秦氏在清代自秦松龄开始真正兴盛起来。其后子孙不但屡有登科者，而且康乾两帝数次幸临寄畅园。两位皇帝的到来不但代表着秦氏的兴盛，也促进了秦氏的兴盛。虽然秦氏在雍正时期受到了一定的打击，但乾隆时期随着秦蕙田考中探花，又迅速崛起。可以说，科举制度赋予了秦氏顽强的生命力。

秦松龄，字留仙，号对岩，生于崇祯十年（1637）六月十九，卒于康熙五十三年（1714）五月初一，寿七十八。初为邑庠生。

---

[1]（清）秦松龄．苍岘山人文集：卷六［M］．清嘉庆二年（1797）．刻本．

[2]（民国）秦毓钧．锡山秦氏文钞：卷之四［M］．咏烈堂印行，民国十九年（1930）．

[3] 关于秦鉽的生平学界已经有所研究，本处只作简略介绍，详见《中国历代探花》第225－228页。

中顺治十一年（1654）江南乡试，十二年（1655）登史大成榜进士，改翰林院庶吉士。十四年授检讨。[1] 他的仕途不是很顺利，授检讨后不久，因逋粮案[2]罢归。虽然因此案而罢归，但松龄确有隐情，他在自己的文集中说道："某久在京师，素知功令，薄田五顷，赋独先输。本籍欠粮之册，绝无贱名。只以同族孀姑，远在邻邑，平日不相闻问，不知何人所使，诡将彼户滥注卑衔。逋赋三分，致干国宪，直俟檄提之日，方知受罢之由。"[3] 罢归后，他的仕途并没有因此而终止，康熙十三年（1674），他再次"以贤能荐举湖广军前效用"。[4] 是时，秦松龄已经 38 岁。康熙年间，朝廷为了笼络士大夫阶层，并且进一步控制他们，在全国范围内荐举博学鸿儒，把他们召集在一起，撰修《明史》。秦松龄在康熙十七年（1678）"由大学士李天馥、侍郎项景襄、湖广总督蔡毓荣等，以博学鸿儒荐"。康熙十八年（1679）"召试一等，复原官，纂修明史"。康熙二十年（1681），"充日讲起居注官，典试江西，升右春坊中允，兼翰林院修撰"[5]。康熙二十三年（1684），又"升左春坊左谕德，充顺天乡试正考官，举乡饮宾"[6]。但是，顺天乡试正考

---

[1] （清）秦尧曦，秦赓彤．锡山秦氏宗谱：卷之七下［M］．同治十二年（1873）．木活字本．

[2] 逋粮案：疑即历史上所说的"奏销案"。清朝初年，江南地区拖欠钱粮十分严重。顺治十八年（1661），朝廷下旨限令地方官员催征赋税。六月，江宁巡抚朱国治疏奏苏、松、常、镇四府抗欠钱粮的缙绅有 13517 人，衙役 254 人。朝廷命将现任拖欠钱粮的官员降二级调用，在籍缙绅按名黜革，秀才、举人、进士，凡钱粮未完者，皆被革去功名出身，衙役照赃治罪。其中 3000 余人被捕，械送刑部议处，次年五月才放还。《郎潜纪闻二笔》卷六第 435 页载，"江南逋粮之狱，缙绅连染极多。叶文敏公方蔼仅欠丝毫，亦遭削夺，故时有'探花不值一文钱'之谣"。

[3] （清）陈康祺．郎潜纪闻二笔：卷六［M］．北京：中华书局，1984：435.

[4] （清）秦尧曦，秦赓彤．锡山秦氏宗谱：卷之七下［M］．同治十二年（1873）．木活字本．

[5] （民国）秦毓钧．锡山秦氏文钞：卷之四［M］．咏烈堂印行．民国十九年（1930）．

[6] （清）秦尧曦，秦赓彤．锡山秦氏宗谱：卷之七下［M］．同治十二年（1873）．木活字本．

官却是他担任的最后一任官职，因“典试顺天，中蜚语，罢归”[1]。所以秦松龄真正在朝为官时间很短，“凡通籍六十年，立朝仅九载”[2]。后来，以子、以孙为贵，“以子道然赠奉直大夫，以孙蕙田赠光禄大夫、刑部右侍郎，加二级，晋光禄大夫，经筵讲官、刑部尚书兼礼乐部大臣，加一级。”[3]

秦道然继其父松龄之后，是秦氏中又一重要人物，他的仕途生涯颇为曲折。他“字雒生，号南沙，生于顺治十五年（1658）七月十一，卒于乾隆十二年（1747）三月廿五，寿九十。初为附太学生。中康熙乙酉（康熙四十四年，1705 年）顺天乡试，己丑（康熙四十八年，1709 年）登赵熊诏榜进士，改翰林院庶吉士。康熙五十一年（1712）授编修，五十六年（1717）充日讲官起居注，江西乡试副考官。五十九年（1720）改授礼科给事中，掌登闻院事”。死后以蕙田本生父赠光禄大夫、刑部右侍郎，加二级。[4]

说秦道然是秦氏家族史上重要的人物，不仅是由于他的仕途路为秦氏带来了新的繁荣，而且还由于他的原因，无锡秦氏在雍正初年遭到重创，财产全部都用来抵消罚款，家族园林寄畅园也被官府没收，其本人也被收监入狱。

秦道然“少时资颇钝”[5]。私塾中老师说他不应来上学，于是他“发愤自强，始文一首率二三百遍，后渐减。最后两三遍即成诵”[6]。经过自己的不懈努力，终于“能融贯经义，为文卓然名

---

[1] （民国）秦毓钧．锡山秦氏文钞：卷之四［M］．咏烈堂印行，民国十九年（1930）．

[2] （清）顾光旭．梁溪诗钞：卷十七［M］．文苑阁，清宣统三年（1911）．

[3] （清）秦尧曦，秦赓彤．锡山秦氏宗谱：卷之七下［M］．同治十二年（1873）．木活字本．

[4] （清）秦尧曦，秦赓彤．锡山秦氏宗谱：卷之七下［M］．同治十二年（1873）．木活字本．

[5] （清）秦缃业．无锡金匮县志：卷二十一［M］．光绪六年（1880）．

[6] （清）顾光旭．梁溪诗钞：卷二十七［M］．文苑阁，清宣统三年（1911）．

家”[1]。并且还“明敏过人，贯串六经诸史，而于性理及先儒语录诸书寂静穷参，昼夜弗释”。深信“即功夫即本体必秀性，方万感不撄”。年少时与同辈组成讲德会，听闻义兴汤先生得高攀龙之传，“乃与同人敦请来锡，行复七规，定期会讲，执弟子礼惟谨”。有吴君者：“年长，失学资，且鲁来问业。先生授以高子遗书，口讲指画。吴君得闻道：‘世间真儒。’”[2]

道然16岁时就已小有名气，“与弟靖然、辰熙、会荣号秦氏四子”[3]。康熙四十二年（1703），康熙帝南巡至寄畅园，秦松龄、秦松期等接驾，康熙帝“问子侄中学问好者，公（秦松期）以道然对”[4]。于是随驾入京，时年46岁。进京之后，道然“奉旨在九阿哥允禟处教书”。“越二年，乙酉（康熙四十四年，1705年）中式北闱。又五年己丑（康熙四十八年，1709年），登赵熊诏榜进士。”改翰林院庶吉士，“旋授编修，充日讲起居注官。授礼科给事中，掌登闻院事”[5]。时年55岁。

雍正继位，为打击在皇位之争落败的八阿哥胤禩和九阿哥胤禟集团，凡与此有关联的官员均受到不同程度的打击，秦道然因做过九阿哥的陪读，也于1723年被牵入太监何玉柱案[6]内，革职下狱。[7] 并“令本身出银十万两充饷”。同时查抄并没收祖产寄畅园。后“因逾限未完，拟罪具题，监禁催追”。雍正四年（1726）七

[1] （民国）秦毓钧．锡山秦氏文钞：卷之五［M］．咏烈堂印行，民国十九年（1930）．

[2] （清）顾光旭．梁溪诗钞：卷二十七［M］．文苑阁，清宣统三年（1911）．

[3] （民国）秦毓钧．锡山秦氏文钞：卷之五［M］．咏烈堂印行，民国十九年（1930）．

[4] （清）秦焕．秦氏丛谭：卷之二［M］．内蒙古图书馆藏手抄本．

[5] （民国）秦毓钧．锡山秦氏文钞：卷之五［M］．咏烈堂印行，民国十九年（1930）．

[6] 何玉柱案：康熙末年因立储问题诸皇子斗争不断，康熙第四子胤禛最终取得了胜利，成为后来的雍正帝。雍正即位伊始就大力加强皇权，全力打击政敌，以非常手段清除了胤禩、胤禟集团，将二人改名为“阿其那、塞思黑”（满语，猪、狗之意），后将二人处死。与九皇子胤禟关系密切的官员也受到牵连，胤禟的太监何玉柱以贪赃罪处，秦道然也被革职下狱。

[7] （民国）秦毓钧．锡山秦氏文钞：卷之五［M］．咏烈堂印行，民国十九年（1930）．

月，秦道然被发回原籍，交地方官收管。但雍正命地方官“不必严加拘禁，亦不得听其擅离”，实际就是软禁。雍正五年（1727）四月，宗人府奏请调取秦道然问话。八月，秦道然“于家产案内，承认应赔银三千两”。又被发回原籍，交与地方官圈禁。命“追其应赔银两，如不完结，永行圈禁催追”。秦道然在赔够白银三千两后，因“从前本身催追银两未完尚多，仍令地方官圈禁”❶。虽然倾尽了所有产业，但还是无力完缴。乾隆元年（1736），其子蕙田考中探花，蕙田痛上《陈情表》，乞求以身代父。是时道然已经八十岁高龄，蕙田曰：“八旬迈父，老病拘幽，无完解之期，更乏久延之望。方寸昏迷不能自主。臣诚不忍昧心窃禄，以致外干罪戾，内惭名教。”❷ 乾隆一方面感于其诚，另一方面也是有意想平反一些雍正时期因皇权之争而导致的冤案，故下旨归还秦氏寄畅园，并释放秦道然，秦道然于释放后逾十年而终。

秦氏这段故事与名著《红楼梦》的某些情节颇为相似，秦氏两支先后在朝为官，又多次在寄畅园接驾，因皇九子受牵连，寄畅园被查抄，秦蕙田登科，寄畅园物归原主，秦氏重显。这些情节在《红楼梦》中都有踪迹可寻。最重要的是《红楼梦》的作者曹雪芹家与秦家为世好，康熙皇帝南巡驻跸秦家就是曹家介绍的。后世治红学者对此多未提及，不能不说是个遗憾。

秦道然被圈禁期间仍孜孜不倦，“后生来问业者，讲论亹亹不倦”。14 年间“貌益充，听且精明”。其“子弟辈朔望谒祖毕，整队诣狱问安”❸。期间他广泛阅读前贤著述，并且著有《困知私记》若干卷。此书“发前人所未发”，可惜现已失传。晚年又写有《和

❶ （民国）秦毓钧．锡山秦氏文钞：卷之六［M］．咏烈堂印行，民国十九年（1930）．
❷ （民国）秦毓钧．锡山秦氏文钞：卷之六［M］．咏烈堂印行，民国十九年（1930）．
❸ （民国）秦毓钧．锡山秦氏文钞：卷之五［M］．咏烈堂印行，民国十九年（1930）．

高子诗》一卷，此书“纯见性地光莹，一尘不染”。时人称赞曰：“无理语而有理趣。”[1] 道然的诗也颇得时人好评，人称：“有道之诗。五言古体得髓于陶韦，而近法吾邑高子，质而不枯，澹而有味。养性观物之妙，具见于篇，令人得之超然。”[2]

2.7 重振家声

清代秦氏在乾隆年间达到鼎盛阶段，道然之子蕙田考中探花，并与其先人秦金一样，担任了重要的官职，而且颇受乾隆帝的赏识。蕙田少时因父道然入狱，家产被没收，从小便生活在饥寒交迫当中。但他在逆境中发奋读书，终于在乾隆元年中榜，不但拯救了年逾八旬的老父，也拯救了秦氏家族，并使秦氏家族再次繁盛起来。在他之后，秦氏进入了清代繁盛时期，又涌现出了一批有作为的子孙。

2.7.1 秦蕙田

秦蕙田“字树峰，号味经，南沙公（秦道然）季子。乾隆丙辰（乾隆元年，1736 年）进士，廷试第三人。授编修，入直南书房，两充顺天乡试同考官，并顺天乡试副考官，上书房行走。壬辰（乾隆三十七年，1772 年）会试同考官，升侍讲。历官右春坊右庶子、通政司右通政、内阁学士、礼刑两部左右侍郎，协理算学馆事务，充经筵讲官。擢工部尚书，调刑部尚书，兼礼乐部大臣，署翰林院掌院学士。充庚辰、癸未（乾隆二十五年、二十八年）会试

---

[1] （清）顾光旭．梁溪诗钞：卷二十七［M］．文苑阁，清宣统三年（1911）．
[2] （清）秦彬．锡山秦氏诗钞·今集：卷三［M］．道光十九年（1839）．刻本．

正总裁，加太子太保，谥文恭”[1]。

蕙田生于康熙四十一年（1702）十月十九日，“奉祖父对岩公（秦松龄）命，出嗣为香山公（秦易然）后。”[2] 当时他的生父道然已经45岁。第二年，养母顾氏卒，于是与祖父秦松龄生活在一起。12岁时，祖父秦松龄卒，生父道然宦游于京师，遂“随生母浦夫人留于家”。21岁时雍正帝继位，道然因故入狱，蕙田“随侍膝下，槛车南北，炎雨悲风，百方营护”。道然被罚俸，“先世一椽一瓦皆经他售”[3]。在这种情况下，蕙田“乃于奋起，随侍之途，仅于娄巷中辟一小室，即味经斋也”[4]。他“沉酣经籍，至忘寝食”[5]。“朔望集邑中顾栋、高吴鼎、龚瑑、蔡德晋诸人为说经会，时在甲乙丁戊间也。”曾作诗形容自身处境道：“栖息知无地，晨昏有觍身”[6]，读者为之酸鼻。

蕙田“少承家学，以经术笃行为江阴名时（杨名时）所知”[7]。经过13年的寒窗苦读，于34岁时举江南乡试，“江阴杨文定公（杨名时）荐举经学”。第二年（即乾隆元年），“登金德瑛榜一甲三名进士，改翰林院编修，入直南书房”[8]。是时秦道然年逾八旬，仍在狱中，蕙田“既通籍伏阙陈情，乞以身赎父罪”[9]。因此“与桐城方公宜田称二孝”[10]。乾隆帝被其孝心感动，下令宽释道然，“而未完之银，一并豁免”[11]。是年，丁母忧回籍治丧，第二年回京

---

[1] （清）秦彬．锡山秦氏诗钞·今集：卷三［M］．道光十九年（1839）．刻本．
[2] （清）秦彬．锡山秦氏诗钞·今集：卷三［M］．道光十九年（1839）．刻本．
[3] （清）秦彬．锡山秦氏诗钞·今集：卷三［M］．道光十九年（1839）．刻本．
[4] （清）秦焕．秦氏丛谭：卷之六［M］．内蒙古图书馆藏手抄本．
[5] （清）秦彬．锡山秦氏诗钞·今集：卷六［M］．道光十九年（1839）．刻本．
[6] （民国）秦毓钧．锡山秦氏文钞：卷之六［M］．咏烈堂印行，民国十九年（1930）．
[7] （清）秦缃业．无锡金匮县志：卷二十一［M］．光绪六年（1880）．
[8] （民国）秦毓钧．锡山秦氏文钞：卷之六［M］．咏烈堂印行，民国十九年（1930）．
[9] （清）秦缃业．无锡金匮县志：卷二十一［M］．光绪六年（1880）．
[10] （民国）秦毓钧．锡山秦氏文钞：卷之六［M］．咏烈堂印行，民国十九年（1930）．
[11] （民国）秦毓钧．锡山秦氏文钞：卷之六［M］．咏烈堂印行，民国十九年（1930）．

后复原官，并充顺天乡试同考官、京察一等。

乾隆六年（1741），“充顺天乡试同考官，武乡试副考官”。七年，南书房行走，充会试副总裁。八年，升侍讲，后迁右春坊右庶子，掌坊事。“八月，改通政司右通政，十一月擢内阁学士，兼礼部侍郎。”❶ 十年，迁礼部右侍郎。十一年，丁父忧。于十三年服阙回京，补礼部左侍郎。

道然获释时，没收的家产也一并发还。秦瑞熙斥资重新修葺了寄畅园。乾隆六年乾隆帝南巡，幸寄畅园。乾隆帝作诗道：“松风水月垂晨藻，昔日卷阿想象间。”此后乾隆帝又先后五次南巡，“叠次南巡，率以园为驻跸之所”。蕙田咏“纪恩诗有云：‘直将园墅当卷阿’”❷。乾隆帝屡次驻跸寄畅园，与乃祖康熙帝的幸临不无关系，但是与其对秦蕙田的赏识也有很大关系。

乾隆十七年（1752），秦蕙田转刑部左侍郎。十九年，协理算学馆事务。二十年，充经筵讲官。二十一年，又署礼乐部大臣。二十二年，先后擢工部尚书、刑部尚书，后来他又屡次升迁。并且“庚辰、癸未（乾隆二十五年、二十八年）两充会试正总裁，得人最盛，加太子太保”。二十九年，秦蕙田六十三岁，“告病奉旨回籍调理”❸。卒于回籍途中。乾隆帝闻其死讯十分悲伤，“（乾隆）三十年，圣驾幸寄畅园，上忆及蕙田，御制诗有‘养疴旋里人何在，抚境愀然是此闻’之句”❹。并且，注诗云：“园为秦氏别业，去秋尚书秦蕙田，以病请假南旋，在途不起。地是人非，为增感者久之。”❺

---

❶ （民国）秦毓钧．锡山秦氏文钞：卷之六［M］．咏烈堂印行，民国十九年（1930）．
❷ （民国）秦毓钧．锡山秦氏文钞：卷之六［M］．咏烈堂印行，民国十九年（1930）．
❸ （民国）秦毓钧．锡山秦氏文钞：卷之六［M］．咏烈堂印行，民国十九年（1930）．
❹ 清史列传：卷二十［M］．北京：中华书局，1987.
❺ （民国）秦毓钧．锡山秦氏文钞：卷之六［M］．咏烈堂印行，民国十九年（1930）．

秦蕙田在朝为官期间，兢兢业业，乾隆帝及同僚对其好评如潮。同僚评价秦蕙田说：“树峰如鹰隼横空，飞而食肉，又口若悬河，辩才无碍。”❶ 又说其“在朝三十余年，在学士时，陈科举、学校六事。在礼部练习掌故，夙夜匪解。居刑部最久，执法平允，尤为上所倚重”。同僚中有与持异议时，他“指引律例，必如所拟”。死后，臣僚处理诉讼偶有不当时，“上辄举公名，叹惜不置迹”。秦蕙田“生平治事以勤奉上，以敬刚介是守，不曲意徇物”❷。乾隆十六年（1751）诏举经学将以为师儒，大臣集议，论至常熟进士陈祖范，“或以其所作掌录少之”。蕙田却说：“癸丑（雍正十一年，1733 年）陈某成进士，因谒蒋文肃公于邸，文肃以好语慰之，谓：‘子有盛名，今登甲榜，而我又在朝，今岁大魁，非君谁属？’”陈某默然，对其仆人说：“速办装南下，无令他日以我为依附权门。”陈某因此而没有参加殿试。蕙田因此认为其“风节若此，岂可遗之”❸。因此力排众议，荐举陈某。陈某因此与另外三人同赐司业。蕙田的“不曲意徇物”使国家发掘了一位难得的人才。

蕙田被荐举经学后，“以国子监属员用，寻擢魏长卿二，领西曹最久”❹。“遇事沈毅果断，退则闭户著书。”❺ 为官则兢兢业业，闲暇时则笔耕不辍，读书则“博学多闻，穷经之外，凡河渠律历，下至医方数术，靡不通晰”❻。蕙田“生平精力尤萃于五礼通考一书”❼。此书是“本朱子之意，因徐氏（徐乾学）之例而遍考五礼

---

❶（清）秦彬．锡山秦氏诗钞·今集：卷五［M］．道光十九年（1839）．刻本．
❷（民国）秦毓钧．锡山秦氏文钞：卷之六［M］．咏烈堂印行，民国十九年（1930）．
❸（清）秦彬．锡山秦氏诗钞·今集：卷五［M］．道光十九年（1839）．刻本．
❹（民国）秦毓钧．锡山秦氏文钞：卷之六［M］．咏烈堂印行，民国十九年（1930）．
❺（清）秦缃业．无锡金匮县志：卷二十一［M］．光绪六年（1880）．
❻（清）秦彬．锡山秦氏诗钞·今集：卷五［M］．道光十九年（1839）．刻本．
❼（清）秦缃业．无锡金匮县志：卷二十一［M］．光绪六年（1880）．

之沿革，博取精研，凡用功三十八年而成书”，“凡此门类七十有五，为卷二百六十有二”，为此书作序者称：“全书增徐氏吉、军、宾、嘉四礼，而丧礼补其未备，包括百氏，裁剪众说……典章文物卓然成此大观，为秦汉以来未有之书。”[1]此书“先经后史，各以类别，凡先儒所聚讼者，一一疏其脉络，破其症结。上探古人制作之源，下不违当代之法。殚思二十余年，稿易三四而后定”[2]。此书所引资料虽有讹误，但其在礼学上却有重要的地位。

天地間一皆禮之所蟠際乎五禮之用猶夫四時五行
之成歲功也蓋嘗大較分之嘉近於春賓近於
於秋凶近於冬而吉寔流貫乎四者之中亦
寄王於四時焉天高地下萬物散殊人之生也
愛少長知敬蓋自三才立而禮即於是乎肇端有聖人
作爲之經緯焉踵而成之者未必皆合於節文之中然
亦緣情而制因義而起在别擇而審行之耳固不可盡
廢也吾師味經先生本朱子之意因徐氏讀禮通考之
例而徧考五禮之沿革博取精研凡用功三十八年而
書乃成梓既竟文弨先受而讀之其書包絡天地囊括
人事縷析物情探制作之本旨究變遷之得失義可疑
雖昔賢之論不輕徇理苟當雖毫末之善亦必錄窮經
者得以息紛紜之訟議事者賴以定畫一之準夫豈

秦蕙田《五礼通考》书影

秦蕙田不仅精通礼学，在其他方面也有所成就。他“少喜谈易，谓易者免也，先儒详于言理，略于言象，撰周易象义若干卷”。古代的诗歌“皆被之管弦，汉魏以降，始失其传，然天籁之发，今尤古也”。所以与志同道合者“讲求欲以经曲歌古诗，庶协诗乐合一之旨”[3]。又因为近世声韵之书没有善本，而奏请勘正。“上命与武进刘纶共任其事。”蕙田建议说：“古韵二百六部，今并为一百七韵，如元与魂痕，当析为二，殷韵宜入真韵，不当入文韵。上声拯韵，去声证韵，宜分出各自为韵。”又“考订四声表，预通古音于等韵”[4]。“兼采昆山顾氏，婺源江氏说。”[5] 是时他

[1] （清）秦蕙田．五礼通考·序［M］．光绪六年（1880）九月．江苏书局重刊．
[2] （民国）秦毓钧．锡山秦氏文钞：卷之六［M］．咏烈堂印行，民国十九年（1930）．
[3] （民国）秦毓钧．锡山秦氏文钞：卷之六［M］．咏烈堂印行，民国十九年（1930）．
[4] （清）秦缃业．无锡金匮县志：卷二十一［M］．光绪六年（1880）．
[5] （民国）秦毓钧．锡山秦氏文钞：卷之六［M］．咏烈堂印行，民国十九年（1930）．

“已遘疾，犹往复辩论不辍”[1]。其卒后，因其所著《味经窝集》“多说经文字，有已入通考者。故学者称味经先生”。钱大昕志其墓曰：“有体有用，殁而言古宜哉。”[2]

继秦蕙田[3]之后，秦氏又出现了几位颇有政绩者，不但维持了秦蕙田给家族带来的兴盛，并且与秦蕙田的成就一起，使秦氏在清代达到鼎盛阶段。这一鼎盛阶段与秦氏在明代的兴盛相比有过之而无不及。

2.7.2 秦震钧

秦震钧，原名应镛，字酉经，号蓉庄，太学生。“生雍正乙卯（雍正十三年，1735 年）正月初三，卒嘉庆丁卯（嘉庆十二年，1807 年）十月二十，寿七十三。”曾“分发河东，试用县丞，补临清州州判。甲午（乾隆三十九年，1774 年）署知州，以守城功特升临清州知府。庚子（乾隆四十五年，1780 年）升甘肃西宁府知府，因亲老告近，仍留原任。壬寅（乾隆四十七年，1782 年）升临清直隶州知州。癸卯（乾隆四十八年，1783 年）擢曹州府知府，丁外艰，甲辰（乾隆四十九年，1784 年）接丁内艰。丙午（乾隆五十一年，1786 年）服阙，补甘肃平凉府知府，升陕西督粮道。甲寅（乾隆五十九年，1794 年）迁两浙江南都转盐运使。告病回籍，甲子（嘉庆九年，1804 年）补山东济东泰武道，恩加三品衔，授资政大夫，山东、济东、泰武临道加级”[4]。

秦震钧继承了先人孝的传统，“事父母极孝谨，事事先意承

---

[1] （清）秦缃业．无锡金匮县志：卷二十一［M］．光绪六年（1880）．

[2] （民国）秦毓钧．锡山秦氏文钞：卷之六［M］．咏烈堂印行，民国十九年（1930）．

[3] 有关秦蕙田的生平学界已经有所研究，本处不再赘述。详见中国历代探花［M］．解放军出版社，2004：273－276．

[4] （清）秦尧曦，秦赓彤．锡山秦氏宗谱：卷之八中［M］．同治十二年（1873）．木活字本．

志，得堂上欢。”其父71岁时，“有一疽发于背，朝夕呼号，见者皆谓难治。”震钧“昼夜营护，寝食都废，复为吮出溃腐，疼稍减。亟进参剂，力购巨珠，兼捣参为末，傅之。旬日疮口乃合”。任平度州知州时，其父已年逾八旬，于是将父亲迎养至平度州署。后升任甘肃西宁府知府，他“以父老陈情，蒙恩旨俞，允仍留平度州任”❶。震钧“天性友爱，事兄严敬如父，与弟怡怡相爱，白首无间”。对家中事务任劳任怨，“事无巨细，皆己任之，分财让产，有古人风”❷。其父春田曾携族人置义田三百亩，以接济族中贫困之家。震钧“捐廉续称千亩，承先志也”，使得“族中无告者，月给以日米，婚嫁丧葬各有所赀”。还倡建了储粮仓库，以应对歉岁。又于其西“辟屋十数楹为家塾”。与同胞侄秦瀛各捐田百亩，作为延师之费，“族中子弟无力延师者，俱得肄业其中”❸。

震钧不但于其族人多义举，也做了许多造福乡里的事。“邑中东林书院岁久不修，出钱数百缗，葺而新之。”还“醵金共得钱千缗，取其息，以籍诸生饭食，寒士得免坐扣咸饱”❹。又与邑绅华某倡建“同仁堂”，“各捐赀白金二千两。复劝募富人，众输以助”，以此来接济贫困者。“每冬施棉衣数千领。贫无以殓者给棺木，路毙者棺殓而埋之。”❺

秦震钧于乾隆三十二年（1767）授临清州判，第二年，“王伦反寿张，震钧适权州事，预为戒备，而贼已至婴城，固守凡十七日”❻。临清屡次受到攻击，形势危如累卵，而城内矢尽粮绝。在

❶（清）秦震钧．守临清日记［M］．刻本．
❷（清）秦震钧．守临清日记［M］．刻本．
❸（清）秦震钧．守临清日记［M］．刻本．
❹（清）秦震钧．守临清日记［M］．刻本．
❺（清）秦震钧．守临清日记［M］．刻本．
❻（清）秦缃业．无锡金匮县志：卷二十［M］．光绪六年（1880）．

如此危险的情况下，秦震钧最终守住了临清，因此而受到提拔。此事也成为他人生中的一个里程碑。

击退王伦义军后，有“难民数千奔城下，环呼乞命，哭声震野”。官军怀疑为叛民，欲对其进行攻击。秦震钧大呼：“城下皆好百姓也。”在他的一再坚持下，才打开城门。“使兵役夹门左右，只许老弱及妇女入城，分置各寺庙中，给以食，全活无算。”在秦震钧的有力指挥下，临清得以保全，“以守城功，特升临清州知州”[1]。乾隆四十一年（1776），“圣驾东巡，上至临清，嘉守城功，赏缎二尺，并遇缺开用”[2]。

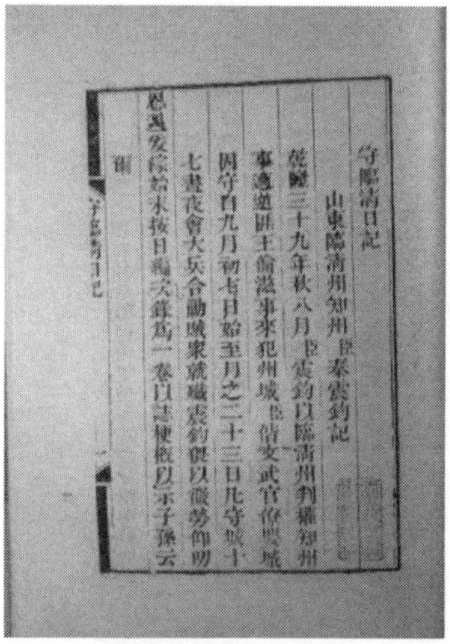
守臨清日記
山東臨清州知州秦震鈞記
乾隆三十九年秋八月震鈞以臨清州判權知州
事適逆匪王倫滋事來犯州城偕文武官僚嬰城
固守自九月初七日始至月之二十三日凡守城十
七晝夜會大兵合勦賊衆就殲震鈞僅以微勞仰邀
恩遇爰從始末按日編次錄爲一卷以誌梗概以示子孫云
爾
守臨清日記

《守临清日记》书影

秦震钧不但有“武功”，断案也明察秋毫。所历州县，“凡治狱无不详审，当机立断”[3]。为官之地，“凡遇乡亲客死，必护其丧归”。居乡则“赒恤赠遗，无所不至”。乡间“或有排难解纷之事，不辞劳瘁，无吝色，无难色也”。乡人如有求于他，“则见义必为当仁不让”。秦震钧死后，乡人仍云：“如某在，某事必以身任之。”[4]

2.7.3　秦瀛

秦瀛，原名沛，字凌沧，号小岘，晚号遂庵，禀贡生。生于乾隆八年（1743）正月二十八日，卒于道光元年（1821）七月初十，

---

[1]（清）秦震钧．守临清日记［M］．刻本．
[2]（清）秦震钧．守临清日记［M］．刻本．
[3]（清）秦震钧．守临清日记［M］．刻本．
[4]（清）秦震钧．守临清日记［M］．刻本．

年七十九。“中乾隆甲午（乾隆三十九年，1774 年）顺天乡试，丙申（乾隆四十一年，1776 年）恭应东巡召试一等，赐内阁中书。”[1] 所任官职虽不及秦蕙田，但也地位显赫。曾在军机处行走，参加过修撰《大清一统志》，还先后任内阁侍读，户部江西司郎中，浙江、湖南、广东按察使，刑部右侍郎等职。嘉庆十三年（1808）六月，因审拟宗室敏学案[2]被降级。此后又先后任光禄寺卿、都察院右副都御史、充恩科会试，以及户部侍郎、礼部侍郎、兵部侍郎、刑部侍郎等职。十五年（1810）十二月，“以目疾乞休，授阶荣禄大夫、兵部右侍郎，加一级”[3]。

无锡秦氏到秦瀛时已有很高的声望。时人称：“惟无锡秦氏称有人，圣祖开鸿词科时，与睢汤文正公（汤斌）同举，以进士改编修，官左谕德，学者称苍岘山人（秦松龄），是为公高祖。官翰林院侍讲以理学事仁宙，学者称南沙先生（秦道然），是为公从曾祖。高宗朝仕至刑部尚书太子太保，谥文恭（秦蕙田），治五礼、明五刑，为世名臣，是为公从祖。公丕嗣前德，得古文于苍岘，得经术于南沙，得朝章国宪于文恭。漉液融根，涵宏宠硕，嶷嶷树立绩学以成。”[4] 秦瀛不论在仕途上还是在文学上都颇有成就。这不但是因为他继承了前人的成就，而且从孩提时代起，乃父就对其严加管教。他自称：“余幼无他师，受经于先大夫，督课甚严。13

---

[1] （清）秦尧曦，秦赓彤．锡山秦氏宗谱：卷之八中［M］．同治十二年（1873）．木活字本．

[2] 宗室敏学案：嘉庆十三年六月，闲散宗室敏学身为宗室却不戴顶、不系带，并且与卖白薯的商贩打架斗殴，又与其家人将前来劝阻的官员打伤，后又寻至此官员办公之地，将门窗破坏。刑部会同宗人府审理此案，但却包庇敏学，为其开脱。嘉庆帝认为，敏学“逞凶不法，大玷宗室颜面，不可不严行惩办”（《清实录·仁宗睿皇帝实录（三）》，卷一九七）。结果敏学被重责 40 大板，押解至盛京圈禁，其家属也被一同送往盛京。所有审理此案的宗人府堂司各官员及刑部堂司各官员均因此受到处罚。

[3] （清）秦尧曦，秦赓彤．锡山秦氏宗谱：卷之八中［M］．同治十二年（1873）．木活字本．

[4] （清）秦瀛．小岘山人文集·神道碑［M］．环溪草堂，民国二十二年（1933）．校本．

岁时先大夫入京师，逾年归，课瀛如前。尝手十三经注疏序及马端临文献通考诸序授瀛读。犹记一夕灯下读汉书地理志，夜半瀛稍倦，先大夫怒而责之。先淑人辄陪先大夫坐而课读，俟瀛睡始就枕。”❶

乾隆四十一年（1776），出为浙江温处道，“除嘉数十年以生监充庄长积弊。”并且命人就此事立碑，永行禁止。此后擢按察使，“平反定海难民蔡长兴十二人之非盗。”宁绍台大水告饥，“有司欲报丰收，不敢请。瀛言于巡抚，得议赈，”❷ 因此而免于饿死的百姓不计其数。“在官数十年，仕浙尤久。”仕浙期间，他与巡抚阮元招贤纳士，吸引了很多人才。人称其：“官浙江观察时最有政声，及擢司寇屡有平反，虽定谳，查其诬，必白之，狱无冤者。”❸ 调湖南衡州时，岁歉，“陕西奏拨兵米，瀛力止之。”❹ 他生平“爱才礼士，蔼若春温，及施之政事则善于用”❺。时人在著述中称其：“扬历中外，锄奸除弊，风骨严峻，人不敢干以私。”❻ 而“出入中外，屡为刑官，治狱明慎，多所开释”❼。秦瀛与其先人一样，不攀附权贵，“性耿直而仁恕，勇于任事，意所不可，虽遇权贵，持论不少假借，而不畏震厉之色”❽。为官勤于职守，处处秉公办事，故不为和珅所喜，但却深得乾隆帝的赏识。9岁时，乾隆首次南巡，幸临寄畅园。秦瀛曾祖偕兄弟子侄等迎驾，此时也是无锡秦氏的鼎盛阶段。乾隆四十一年（1776）乾隆帝南巡之时，

---

❶ （清）秦瀛．小岘山人文集：卷二［M］．环溪草堂，民国二十二年（1933）．校本．
❷ （清）秦缃业．无锡金匮县志：卷二十［M］．光绪六年（1880）．
❸ （清）秦彬．锡山秦氏诗钞·今集：卷八［M］．道光十九年（1839）．刻本．
❹ （清）秦缃业．无锡金匮县志：卷二十［M］．光绪六年（1880）．
❺ （民国）秦毓钧．锡山秦氏文钞：卷之七［M］．咏烈堂印行，民国十九年（1930）．
❻ （民国）侯学愈．续梁溪诗钞：卷三［M］．锡成公司代印，民国九年（1920）．铅印本．
❼ （民国）秦毓钧．锡山秦氏文钞：卷之七［M］．咏烈堂印行，民国十九年（1930）．
❽ （民国）秦毓钧．锡山秦氏文钞：卷之七［M］．咏烈堂印行，民国十九年（1930）．

他赴泰安行在召试，“上问大学士金坛于公敏中，诸生中有知东方三大赋题来历否?”❶ 秦瀛对答如流，并因此选授内阁中书。因为有了乾隆帝的赏识，所以，虽然不为和珅所喜，“而不能不循资例以简缺，道府检其特异，以繁剧者”❷。60 岁时，因目疾而告老回乡。

秦蕙田、秦震钧与秦瀛是秦氏清代鼎盛阶段的代表人物，他们不但成就了秦氏兴盛的局面，也是这一局面的最好例证。秦蕙田是“文治”的代表，秦震钧是“武功”的代表，秦瀛则是饱学之士的代表。特别是秦蕙田，不但是朝中重臣，而且是当时礼学大家，著有《五礼通考》这一巨作，所以他是无锡秦氏最具代表性的人物之一。他们同生活于乾隆时期，此阶段不但是清朝的鼎盛阶段，也是无锡秦氏的鼎盛时期。族人中考中进士及举人者在乾隆朝为数最多。继康熙南巡屡次幸临寄畅园之后，乾隆每次南巡也必至寄畅园。两位皇帝的屡次驾临，不但显示了秦氏的兴盛，而且也推动了秦氏的更进一步发展。乾隆末年，随着清朝国运的日益衰落，无锡秦氏也开始走下坡路。

Ⅲ. 孝友传家：薪火相传的故事

无锡秦氏自明至清兴盛了400多年，其在科举方面的成就举世瞩目。科举成就了秦氏的兴盛也显示了秦氏的兴盛。除此之外，秦氏的家风也对秦氏的兴盛起了一定的作用。

❶（民国）秦毓钧．锡山秦氏文钞：卷之七［M］．咏烈堂印行，民国十九年（1930）．

❷（民国）秦毓钧．锡山秦氏文钞：卷之七［M］．咏烈堂印行，民国十九年（1930）．

3.1 双孝旌门

无锡秦氏自始至终都有一个优良的传统——孝友。世人以此作为无锡秦氏的特点，秦氏子孙也以此作为自己的行为准则与奋斗目标。时人称赞秦氏与其他望族的一个显著区别就在一个“孝”字。而秦氏之孝自无锡秦氏之始便已有之。先人秦旦、秦奭因为孝行被旌门“双孝”。从此，无锡秦氏便有了孝友传家的传统。“双孝”不但成为秦氏孝行的丰碑，也成了秦氏子孙的楷模。

“秦氏二孝子永孚、仲孚，俱封武昌知府，旭之子也。两人操行不同，而皆以笃行事亲著名，故称二孝子。永孚忠厚沉默，择言而发。仲孚更直谅多才艺。初旭生三子，长曰夔，以进士起家，二子居家侍养四十余年，左右无方，曲尽孝敬。”[1]

永孚为秦旭次子，“名旦，以字行，号养恬。成化丙申（成化十二年，1476 年），与弟仲孚诏旌孝子。弘治改元，授冠带。生正统丙辰（正统元年，1436 年）八月十七，卒嘉靖癸未（嘉靖二年，1523 年）二月廿五，寿八十八”[2]。其弟仲孚名奭，“字务本，生正统庚申（正统五年，1440 年）八月廿八，卒正德丁丑（正德十二年，1517 年）十月十一，寿七十八”[3]。

秦旦“性沈静醇朴，浑厚夙成”，终生都穿戴整齐，从不马虎。一生之中不管是对待奴仆还是对待宾客从未失口。其“好人之善多于疾恶”，如遇有人谈论他人过失，总是说：“汝曾见否？僮仆有过即挞詈，而无忿急。人有曲直，置而不校，其忍切有容如

❶（明）周邦杰修，秦梁纂．无锡县志：卷十七［M］．明万历二年（1574）．刻本．
❷（清）秦尧曦，秦赓彤．锡山秦氏宗谱：卷之二［M］．同治十二年（1873）．木活字本．
❸（清）秦尧曦，秦赓彤．锡山秦氏宗谱：卷之二［M］．同治十二年（1873）．木活字本．

是，故能养其长厚之气，留有余不尽之福于子孙也。”[1]

他侍奉父母尽心尽力。父秦旭不愿被家政所累，秦旦便不遗余力地打理家内琐事。遇有父亲不高兴时则“长跪而色解之”。其父患病心痛，他“昼夜摩慰，痛弗为止”。秦旭病情越发严重，便“以胸血代生兔血而已之”[2]。其母膝盖生疮，盛夏时因过于炎热而化脓，竟以舌舔之以减母痛。秦旦所采用的方法是否科学姑且不论，其孝心却很令人敬佩。他事父母如此，对族人也堪称孝友楷模。有族叔十分贫穷，秦旦“岁衣而月食之。死则以葬”。后辈中有贫困无力者“悉治资装嫁之”[3]。

秦旦“延师教子孙务必实学，不喜乾没幸进。其轻利禄如此，交必择而后定”。遇他人有难，必定全力帮助。“诸生华宸用，有学而得危疾，为致所厚善，医药而起之。”成化年间，秦旦兄弟二人被有司旌门“双孝”，孝宗改元加赐冠带。秦旦时年四十，父秦旭仍然健在，旌门双孝后，秦旦“益持谦谨，不敢以孝子自命”。秦旭曾对他人说：“此子不可使一日离左右也。”[4]

秦旦之弟秦夔也以孝行著称。其兄秦夔在京为官，秦旭遣奭到京城探望，奭“遂学于主客沈先生。仲律未卒业，念二亲在远，不欲久离，告于兄，辞于先生”。将要离别时与兄长依依作别。秦夔执其手曰：“吾在此，吾心无日不在二亲侧也。顾官守有常职，未敢离，”“使我无内顾忧者，吾弟也。”秦奭回乡之后与秦旦“日夜以养亲为事。”其父多病，他认为：“事亲者，不可以不知医。”于是“博究方书药物，久之遂精其术，有专医名家所不能及者”。看到医书中有记载兔血可以止胸痛，秦奭认为人的胸血可以代之，

---

[1] （民国）秦毓钧．锡山秦氏文钞：卷之二［M］．咏烈堂印行，民国十九年（1930）．
[2] （民国）秦毓钧．锡山秦氏文钞：卷之二［M］．咏烈堂印行，民国十九年（1930）．
[3] （民国）秦毓钧．锡山秦氏文钞：卷之二［M］．咏烈堂印行，民国十九年（1930）．
[4] （民国）秦毓钧．锡山秦氏文钞：卷之二［M］．咏烈堂印行，民国十九年（1930）．

于是兄弟二人刺胸，以血和酒让父服下。其父服下后，病竟痊愈。其母膝盖化脓，兄弟二人以舌舔创处。“创之未愈也，以吮代涤，祈以免痛。”当孝宗赐给冠带时，秦爽曰：“子之事亲乃其常分，子而不为，谁当为者?”❶ 与乃兄一样，他也义举颇多。“叔氏无庐者，咨于父兄，舍而饮食之。死则割地以葬。”❷

秦氏双孝为秦氏之典范。后世子孙大都有孝行，这与双孝的影响不无关系。双孝开始了秦氏孝的传统，也为秦氏的兴盛与长久做了精神上的支持。秦夔开了科举入仕的先河，双孝则开始了秦氏之“孝”的先河，这两个方面，成了秦氏长盛不衰的法宝，也成就了秦氏为江南文化世家的典范。

秦旦之子秦镗不但与秦金同时登榜，而且也像乃父一样事双亲堪称至孝。“母张病痿且喑，乐易（秦镗字乐易）能揣所欲，而调护之。坐卧躬自抱持，积十九年不懈。”❸ 不但事父母至孝，对下人也十分和善，“逮群下无呵朴之声”❹。一生淡泊名利，晚年“日享不出，蔬食田庐未有增益。惟于室东结茅引流，畦径萧然”。而且其家风也为人们称道。“入其门者，但见祠宇学舍，子弟循循然读书其间，无浇惰浮靡之习。”❺ 这种情形与后面所要论及的昆山徐氏形成鲜明的对比。

秦镗长姐吴氏早年寡居，后以节诏旌门，吴氏八十余岁时，秦镗也已经是古稀之年，而他仍然“时往候姊起居”。每当吴氏生日之时，“必衣冠率子孙罗拜。”其姐弟相互宽慰，“子孙亭立，礼度愉愉。闻者皆以为难。”其家有钱财借与他人，大部分都没有归

---

❶（民国）秦毓钧．锡山秦氏文钞：卷之二［M］．咏烈堂印行，民国十九年（1930）．

❷（民国）秦毓钧．锡山秦氏文钞：卷之二［M］．咏烈堂印行，民国十九年（1930）．

❸（清）顾光旭．梁溪诗钞：卷之六［M］．文苑阁，宣统三年（1911）．

❹（明）秦镗．樗林摘稿·附录［M］//四库全书存目丛书．集55．济南：齐鲁书社，1996．

❺（明）秦镗．樗林摘稿·附录［M］//四库全书存目丛书．集55．济南：齐鲁书社，1996．

还，秦镗“宁毁券，无烦官司”[1]。不但自己以诗书行宜为首，也严格要求子孙。在他的影响下，其子孙“谈文守礼，耻为世俗一切之态”[2]。时人称赞其子孙曰：“街衢之间，褒衣矩步，不问而知为公家子弟。”[3] 秦镗去世时，乡人“远近吊公之门，哭泣之哀，动人而去”[4]。

3.2 三孝承前

继“双孝”之后，秦氏涌现出许多孝行卓著的子孙。虽然没有像“双孝”那样因孝旌门，但是他们的孝行都为世人所称道。并且这一传统一直延续了几百年，直到秦氏衰落之时，秦氏子孙也仍然没有将其丢弃。其中比较有代表性的是秦瀚、秦仁、秦德藻三人。

3.2.1 秦瀚

秦梁之父秦瀚，字叔度，号从川，邑禀生。以子秦梁封奉政大夫、通议司左参议。“生弘治癸丑（弘治六年，1493 年）正月十一，卒嘉靖丙寅（嘉靖四十五年，1566 年）六月廿三，寿七十四。”[5]

秦瀚虽然在仕途上没有多少成就，但是他继承了秦氏家传的诗学，在诗词方面有一定的造诣。后人将他的诗与秦旭、秦金的诗合在一起，编成《秦氏三府君集》。时人评价他的诗：“比类合

---

[1] （明）秦镗．樗林摘稿·附录［M］//四库全书存目丛书．集55．济南：齐鲁书社，1996.
[2] （清）秦彬．锡山秦氏诗钞·前集：卷四［M］．道光十九年（1839）．刻本．
[3] （清）秦彬．锡山秦氏诗钞·前集：卷四［M］．道光十九年（1839）．刻本．
[4] （明）秦镗．樗林摘稿·附录［M］//四库全书存目丛书．集55．济南：齐鲁书社，1996.
[5] （清）秦尧曦，秦赓彤．锡山秦氏宗谱：卷之二［M］．同治十二年（1873）．木活字本．

义，统音会和，协调响应，文从字顺。”还有人说：“先生诗天机遄发，顷刻盈纸，不拘拘。追踪少陵，而少陵阃域莫之或逾。”❶

秦瀚像

正是继承了秦氏诗学，所以秦瀚“思惟其曾大父修敬之肇举吟社也，乃锐志恢复”。与乡间志同道合者重新修葺碧山吟社。“葺为吟台，为行厨茶具，为几椅，壶觞棋局之数，凡有资于燕游者纤悉治备。”并且作“复碧山吟社”诗曰：“一亭十老二泉南，前辈风流燕子谙，双柚花开春又晚，九峰云起碧龙涵。尚留漉酒陶巾在，尽许游山阮屐探，从此吟声落龙缝，如琴如筑佛等龛。”❷

秦瀚不但继承了家传的诗学，也继承了家传孝的传统。他“性至孝，生三龄而失母龚，每以不及孝养为恨”。之所以未入仕途是因为要侍养其父秦镗，为此甘愿“力田供养，晨夕定省无间”。而且每当寒暑、生辰、令节之日，“必偕兄弟盛供，具集宾友，率子侄罗拜力寿。”父亲生病时，他“夙夜视药食，不脱巾带者，数阅月”。并且向天祷告，乞求以身代父。其父去世时他“哀毁骨立，含佥窀穸，必诚必慎。乡人谓秦氏有孝子”。不但对父亲如此孝顺，对姑母也毫不逊色。其姑母早孀，请求秦镗以秦瀚为后。秦瀚如同对亲生母亲一样侍养姑母。姑母卒后，还为她请丧于朝，所以秦瀚“承父以后姑，全姑节以成志，可谓孝矣”。❸

秦瀚虽然未入仕途，但时时训诫其子秦梁以为官之道。秦梁

---

❶ （清）秦彬．锡山秦氏诗钞·前集：卷四［M］．道光十九年（1839）．刻本．

❷ （清）顾光旭．梁溪诗钞：卷之六［M］．文苑阁，宣统三年（1911）．

❸ （明）秦瀚．从川诗集·附录．秦氏三府君集［M］．味经堂印行，民国十八年（1929）．木活字本．

任南昌推官，“行且请于先生，谆谆以恕训之曰：‘无以苛政斫人命也。’”❶ 秦梁后升任吏科给事中，因事抗疏忤旨而被杖。秦瀚临终得见其子，仍然告诫诸子弟：“天不可必待人而定，福不可征由养而全。”❷ 他的教育与训导，对秦梁产生了深远的影响。秦梁之所以在官宦生涯中取得一定成就，与乃父的教诲关系密切。

3.2.2 秦仁

秦仁，“字体国，号薪岩。雍正丙午（雍正四年，1726 年）顺天副元，己酉（雍正七年，1729 年）奉旨诏举贤才。历任云南、山东、福建知县、同知、知府，诰授中宪大夫”❸。“辛酉分闱得首魁，为诸城刘相国墉咸服其卓识。”❹ 其为官虽不显，但却培养出了一个有名的学生，就是被后世称为“刘罗锅”的刘墉，刘墉曾称赞他曰：“夫子之嗣君，子孙曾并列宫墙，未尝借通家有所干请，墉常心焉。”❺

秦仁生于康熙二十七年（1688）十一月廿四，卒于乾隆二十年（1755）五月二十八，寿六十八。❻ 虽然生于无锡秦氏这一东南望族之中，但是“幼孤，奇贫。遭巨创，与兄民宁同刻苦于学”❼。二十岁时“为诸生游庠日走，谢受业震先陈大师”，大师“训以积德、用功、保身三言”❽。从此便以这三言为座右铭。母亲有疾病

---

❶ （明）秦瀚．从川诗集·附录［M］//秦氏三府君集．味经堂印行，民国十八年（1929）．木活字本．

❷ （明）秦瀚．从川诗集·附录［M］//秦氏三府君集．味经堂印行，民国十八年（1929）．木活字本．

❸ （清）秦云锦．先城集补·先城［M］．乾隆六十年（1795）．刻本．

❹ （清）秦彬．锡山秦氏诗钞·今集：卷二［M］．道光十九年（1839）．刻本．

❺ （清）秦云锦．先城集补·序文［M］．乾隆六十年（1795）．刻本．

❻ （清）秦尧曦，秦赓彤．锡山秦氏宗谱：卷十一［M］．同治十二年（1873）．木活字本．

❼ （清）顾光旭．梁溪诗钞：卷三十一［M］．文苑阁，宣统三年（1911）．

❽ （清）秦云锦．先城集补·先城［M］．乾隆六十年（1795）．刻本．

在身，他在游学当中“朝往夕归，所经处有殊色”[1]。他十分敬重母亲，对母亲的训诫言听计从。年少时曾豪于饮，母“诫之后，凡宴会，终身未尝及醉”[2]。雍正七年诏举才能，以知县授于云南蒙自县。乾隆元年（1736）大计，诏引见，“以亲老造近”，补山东东阿县知县。乾隆二年（1737）行去候升主事。六年（1741）充山东文武乡试同考官。七年（1742）升兖州同知。九年（1744）附荐卓异，题署登州府知府。七月，丁内艰。服阕，补福宁府知府。[3] 雍正七年诏举贤才入仕后，他便把母亲迎养于官署。“每日审案虽笞轻，刑定省时”，必定向母亲讲述一番。而后“伺颜色微有拂意，即惊问曰：‘得毋于某案过断乎？’惶悚引令，必俟意移令”[4]。

秦仁不但以孝行著称，为官也有一定政绩。“知蒙自县，治猓有法。会普寺不靖，仁严设戒备，邑境帖然。移于东阿、擢知福宁府皆有殊政。”[5] 他为官十分清廉，在东阿任职期间，“阿邑鹾商以水灾申免赔课，感馈廉金三百，却之。幕友以邑当孔道出纳不敷劝。”秦仁却笑对曰：“吾自端敏公起家，世传清白，岂以三百金易吾之守乎？”与其同朝为官者“咸服衡文卓识”。秦仁“历任恪守慈训，廉洁宽平”[6]。他为官颇有政绩，但是却不贪图位禄。有巡抚潘公“欲调郡台湾，力辞告疾”[7]。为民造福之事则勤勤恳恳、任劳任怨。在福宁任职期间，其属地宁德“突海涯毂士，狭有旷堧可粳稻，汩于潮”。潮退之后，土壤变得弥望平阔，“宋世祖尝

---

[1] （清）秦彬．锡山秦氏诗钞·今集：卷二［M］．道光十九年（1839）．刻本．
[2] （清）秦云锦．先城集补·先城［M］．乾隆六十年（1795）．刻本．
[3] （清）秦尧曦，秦赓彤．锡山秦氏宗谱：卷十一［M］．同治十二年（1873）．木活字本．
[4] （清）秦云锦．先城集补·先城［M］．乾隆六十年（1795）．刻本．
[5] （清）秦缃业．无锡金匮县志：卷二十［M］．光绪六年（1880）．
[6] （清）秦云锦．先城集补·先城［M］．乾隆六十年（1795）．刻本．
[7] （清）秦云锦．先城集补·先城［M］．乾隆六十年（1795）．刻本．

捍而田之”。秦仁苦心筹划，不辞辛劳，用三年的时间筑堤，“堤成，得田百顷，为纾而食裕”❶。其为官期间所做造福于民之事可以说不胜枚举。

秦仁无论宦游多远，“每岁家书必先及”。敬母如此，尊敬先祖也毫不疏忽，“春秋祭扫，遇祖宗公事，无不独立担当。如谕茔、归竹两山世墓，费金数千，无吝色，无诿辞”。秦氏祖冢自宋至清初，子孙经历了十四代，而仍然得以保存，秦仁的努力是功不可没的。乾隆十七年（1752）秋归乡之后，自己虽然年迈，但是每年都亲自去祭扫父母之墓，“崎岖山岭，拄杖步行。自设祭至辞别，无不号泣依依，观者酸鼻”❷。归乡四年后卒。在其去世前三日，口念长句曰：“跨海使乘双白鹤，出门惟见一青松。曰：此去大快乐也。”❸

3.2.3　秦德藻

秦德藻，“字以新，号海翁，恩贡生。以松龄本生父貤赠文林郎、翰林院庶吉士。以蕙田本生曾祖父，貤赠光禄大夫、经筵讲官、刑部尚书，兼礼乐部大臣，加一级。举郡县乡饮宾。生万历丁巳（万历四十五年，1617年）二月初四，卒康熙辛巳（康熙四十年，1701年）五月初七，寿八十五”❹。

秦德藻在无锡秦氏家族当中属于承前启后的人物。此前清代秦氏虽然已开始有起色，但只是起步阶段。在其之后，才开始了清代秦氏的真正兴盛期。其子孙又分为二十四支，是最为繁盛的

---

❶（清）顾光旭．梁溪诗钞：卷三十一［M］．文苑阁，宣统三年（1911）．

❷（清）秦云锦．先城集补·先城［M］．乾隆六十年（1795）．刻本．

❸（清）顾光旭．梁溪诗钞：卷三十一［M］．文苑阁，宣统三年（1911）．

❹（清）秦尧曦，秦赓彤．锡山秦氏宗谱：卷之七下［M］．同治十二年（1873）．木活字本．

秦德藻像

一支，特别是松龄、道然、蕙田一支，更是三代人都名垂青史。时人称秦德藻：“以孝友笃行为东南人伦楷模，素性和易，不乐闻人过。”与友人“纵论经史，觞咏不辍，一时推为耆英”。时人称颂德藻：“风采秀整翛然，尘□之外，人望之若神仙中人。”德藻并未在仕途中取得多少成果，因他“年未四十，以子宫谕（秦松龄）先生贵，遂绝意仕进。栖息林泉者，垂五十余年”[1]。

虽然没有入仕，但是他的后代却在仕途中取得了前所未有的成就。其后代之所以如此，与德藻的言传身教有很大关系。他在乡里以孝友著称，“父殁时，祖父母俱在。祖父母殁，泣血居庐，如三年丧”[2]。父亲去世时，“以大父母白发在堂，恐增悲怆，每晨昏入省拭涕。将事退，犹苦次尽哀”[3]。为了逃避战乱，曾侍奉母亲居住于乡间，但祖父母却以笃老不出城。于是，德藻“朝夕往还省视，盛暑中奔走，不少懈”[4]。无锡秦氏自始便以孝行著称，“秦氏承世孝之后，家法雍睦，与他族殊。而海翁先生尤夙有至性。”[5]

德藻对待长辈则孝，对待同辈及后辈则堪称“友”。其兄德澄殁，将子松龄嗣与德澄。其弟谢世之后，于第二年六十寿辰时，为纪念其弟，在席间滴酒未沾。他为人敦厚，“燕居温温乐道”。而

---

[1] （清）秦彬．锡山秦氏诗钞·今集：卷一［M］．道光十九年（1839）．刻本．

[2] （清）秦缃业．无锡金匮县志：卷二十五［M］．光绪六年（1880）．

[3] （民国）秦毓钧．锡山秦氏文钞：卷之三［M］．咏烈堂印行，民国十九年（1930）．

[4] （民国）秦毓钧．锡山秦氏文钞：卷之三［M］．咏烈堂印行，民国十九年（1930）．

[5] （清）秦彬．锡山秦氏诗钞·今集：卷一［M］．道光十九年（1839）．刻本．

且“尝身当机户重役，并为伯父分任，以舒其爱”。对于钱财毫不吝啬，其兄有女，夫家贫穷。于是将百亩田地赠与侄女。“凡先世所构造，如旌孝坊、寄畅园之类，有废必修复。祖宗祠墓之祭，独主其事，举族欢然。”❶ 特别是其对寄畅园的修复，对秦氏的兴盛起到了不可轻视的作用。康乾期间，两位皇帝每次南巡必至寄畅园，“德藻婆娑迎谒，累被存问，尤极荣遇”❷。两位皇帝的屡次幸临，对秦氏在清代的鼎盛也起了推波助澜的作用。

德藻对其后代的发展颇有影响。其子松龄“年十九联捷入馆选。翁虑其少不谙事，身至京师教诫之”❸。松龄仕途十分曲折，曾“以族姑诡寄逋粮案落职”❹。族姑远嫁他乡，并且早年丧夫，此事乃其亲党所为。有人说请讼官洗脱冤屈。但是德藻却说：“孀姑子幼，讼之恐株连无已。穷达有命，何若安之。”❺

不仅如此，秦德藻也是尊祖敬宗的楷模。“每岁举淮海祠，祭二璨山、祭龙山墓、祭二诞辰，在中春四日为大会者，岁计七。”他奉行古人收族敬宗之礼，对族人“问其吉凶疾苦，而恤之”。德藻晚年，诸子宦游外地者都回到他的身边，“孙曾男女几满百人，膝下及见五世孙。天伦至乐，尤完美无憾”❻。

德藻虽未入仕途，但是“少负壮志，读书务求精熟，行文一尚清真，不事枝叶”。18 岁时补诸生试，“辄倾其曹，两战荆闱，逾弱冠预恩拔之选。”❼ 可惜即遇明末乱世，到清初其子孙在仕途地位显赫，他便没有再入仕途。

---

❶（民国）秦毓钧．锡山秦氏文钞：卷之三［M］．咏烈堂印行，民国十九年（1930）．
❷（清）秦缃业．无锡金匮县志：卷二十五［M］．光绪六年（1880）．
❸（民国）秦毓钧．锡山秦氏文钞：卷之三［M］．咏烈堂印行，民国十九年（1930）．
❹（清）秦缃业．无锡金匮县志：卷二十五［M］．光绪六年（1880）．
❺（民国）秦毓钧．锡山秦氏文钞：卷之三［M］．咏烈堂印行，民国十九年（1930）．
❻（民国）秦毓钧．锡山秦氏文钞：卷之三［M］．咏烈堂印行，民国十九年（1930）．
❼（民国）秦毓钧．锡山秦氏文钞：卷之三［M］．咏烈堂印行，民国十九年（1930）．

秦德藻其行其事，与其先人修敬公秦旭极其类似。秦旭有碧山吟社，有志之士过境必赴之，而德藻亦有寄畅园；秦旭以孝著称，其子夔、旦、奭又都以孝著称，秦德藻与其子孙也都至孝；秦旭虽因子贵，但吟社友人皆布衣之交，德藻则“生平未尝一言敢伤人，一事敢先人”❶。所以秦氏自始就有这样的传统与家风，其子孙也都以此为行为规范，因此秦氏为东南望族前后400余年，自然也就不难理解了。

3.3　二孝启后

无锡秦氏自乾隆末年开始走下坡路。以后随着社会的动荡及清朝的日益衰落，其衰兆日益明显。自嘉庆年间开始，秦氏子孙因生活所迫或其他原因，读书者日益减少，完全没有了康乾时期多人中举的盛况，甚至潜心读书者也寥寥无几，多数人或是经商或是游幕，不再以科举为第一要务。秦缃业（秦瀛次子）因此感叹：“庚申、辛酉以来，兵火洊经，流亡过半，其存者大抵困苦颠连，求死不暇，读书者日益少。呜呼！衰亦甚矣！”❷ 秦氏科举成就虽然大不如过去，但秦氏后人却孝行不绝，在其衰落阶段又出现了堪称至孝的“后双孝”。

3.3.1　后双孝

在无锡秦氏的衰落时期，出现了秦开杰、秦凤祥两兄弟，他们以孝行著称，被称为秦氏“后双孝”。秦氏以“双孝”而始，以“后双孝”而衰，并不只是巧合而已，“后双孝”为无锡秦氏的

---

❶ （清）秦彬．锡山秦氏诗钞・今集：卷一［M］．道光十九年（1839）．刻本．

❷ （民国）秦毓钧．锡山秦氏文钞：卷之九［M］．咏烈堂印行，民国十九年（1930）．

"孝"画上了一个圆满的句号。

秦凤祥，"原名文权，字芝珊。候选同知蓝翎，性孝友，万里寻父，跋涉三年，遇于乌鲁木齐，迎奉以归，举人华翼纶有秦孝子传。生嘉庆辛未（嘉庆十六年，1811 年）十二月十二"❶。其父渊泉，字永溥。渊泉因故离乡，此后 36 年与家中失去联系。渊泉出门时，凤祥仅生 4 个月，凤祥兄开杰也仅有 8 岁。"母王孺人抚二子，稍长各相访父。所在年久，里中无人与相识者，无从得耗。"❷凤祥长期在北乡教书，一日遇见某人自西口贸易而回，此人称曾在昌吉遇见渊泉，但其常游敦煌、哈密、乌鲁木齐等处，不知其目前的确切地点。凤祥马上辞去职务，回乡告其兄曰："父有耗，吾将寻往。"❸ 在开杰的支持下，他开始了万里寻父的征程。

自他启程到寻见其父，先后三年的时间，跋涉了将近万里的路程，最终寻得其父。父子聚首，悲喜交集，其父哀痛欲绝曰："吾浪游三十六年，于子道、夫道、父道都阕焉。而尔兄弟皆以我为念，不使骨骸抛万里外，吾有愧于汝母及汝兄弟多矣。"父子二人在他人资助下得以返乡。返乡途中其父"患病经月，文权（秦凤祥）医药护持，尽心竭力"。回乡后，"父子、兄弟、夫妇欢聚一堂，恍如隔世。"同族人闻听事情经过，祝贺渊泉说："吾宗以孝友传家，翁今得两孝子，可无憾矣。"❹

凤祥寻父期间，其兄开杰负责侍奉母亲，同时照料凤祥的妻儿。父亲返乡之时已年逾古稀，兄弟两人侍奉父母，"壹意承欢，

---

❶ （清）秦尧曦，秦赓彤．锡山秦氏宗谱：卷之八下［M］．同治十二年（1873）．木活字本．

❷ （民国）秦中毅．锡山秦氏后双孝征文汇录·传［M］．锡成公司代印，民国九年（1920）．铅印本．

❸ （民国）秦中毅．锡山秦氏后双孝征文汇录·传［M］．锡成公司代印，民国九年（1920）．铅印本．

❹ （民国）秦毓钧．锡山秦氏文钞：卷之九［M］．咏烈堂印行，民国十九年（1930）．

依依作孺子慕"。后渊泉病重，凤祥曰："古有割股以疗病者，吾试行之。"其兄曰："然我亦有股在，无劳尔也。"弟固争之，兄曰："不可，尔有父，我独非子乎？况出关迎亲，弟已独任其劳，今日之事，我为政，无劳尔也。"❶ 于是抽刀割左股，和药以进。后其父卒，"二子哀毁丧葬如礼煜。""里人群推为孝子，以比美于成化间养恬公兄弟，曰：后双孝"❷。

3.3.2 孝行余续

秦焕也是秦氏后期值得一提的人物。秦焕，字缉篁，号笠亭，生于嘉庆十八年（1813）六月初八，❸ 卒于光绪十八年（1892）七月十一。❹ "为禀贡生，以教授于家、于燕南、于漳滨、于大梁三十年，为司铎于句容者，十有四年。年七十致仕告归，而家居者又十年。"❺

秦焕年少时，其父"有疾，无所督责，而自立于学"。他"不屑专事帖括，好经说及经济有用之书，而于性理、地理两学尤为致力"❻。生平于书无所不读，"尤邃于易，服膺宋五子书，躬行实践，老而愈笃"。自幼求学就十分刻苦，"平生未尝昼寝，虽盛夏未尝袒裼"❼。读书时喜欢手抄《高子遗书》、《方舆纪要》等，以

---

❶ （民国）秦中毅．锡山秦氏后双孝征文汇录·传［M］．锡成公司代印，民国九年（1920）．铅印本．

❷ （民国）秦毓钧．锡山秦氏文钞：卷之九［M］．咏烈堂印行，民国十九年（1930）．

❸ （清）秦焕．秦氏丛谭：卷之二［M］．内蒙古图书馆藏手抄本．

❹ （清）秦焕．水竹轩诗钞·序言［M］．上海：上海中华书局，民国十六年（1927）．铅印本．

❺ （清）秦焕．水竹轩诗钞·附录［M］．上海：上海中华书局，民国十六年（1927）．铅印本．

❻ （清）秦焕．水竹轩诗钞·附录［M］．上海：上海中华书局，民国十六年（1927）．铅印本．

❼ （清）秦焕．水竹轩诗钞·跋［M］．上海：上海中华书局，民国十六年（1927）．铅印本．

备遗忘。26 岁时“始授知于学，使寿阳相国祁文端公（祁寯藻）以第一人补博士弟子员”。后又屡次赴试，“就南省试者四，就京兆试者四，皆不得志”[1]。

秦焕，“生平笃嗜性理诸书，为学以躬行实践为主，及门弟子化之，莫不以敦行力学为先”[2]。任司铎句容时，当地“文庙毁于发逆[3]，至圣祀于五王殿。五王祀于门之侧室”。谒庙之后，秦焕即与邑人商议重建文庙，并成为修葺工程的主要负责人。由于刚刚经历战火，当地人很少有赴学者，并且多数人“喜苟得，寡廉耻”。秦焕“捐俸为月课，其有贫而不能立于前者，则饮助。于年终采访节孝，其有可以讽世而不合于旌表之例者，给匾嘉奖”。时有巡抚以兴教化为务，“饬各县立乡约”，秦焕“于讲圣谕后，添讲小学数章，恐民未解，先期为直解”。每当其讲授时，听者很多，并且他的讲授通俗易懂，妇孺皆知。其子在为秦焕所作墓志铭中说：“祁文端公、曾文正公（曾国藩）先后柄国，皆尝嘱人招致府君，咸力辞之。”秦焕回乡之后，见族中子弟有无力读书者，“乃捐百千为书塾经费，又合同志捐成千缗，取其息以给修脯”[4]。“又以应试在前者少，乃为会课，而自监督之。”会课之时尝“手一卷，终日无倦容，间或息养凝神，瞑目静坐”[5]。时人称赞他说：“入其室恒手一卷，课幼子读书，长者各以时致，甘旨毋缺，孝友

[1] （清）秦焕．水竹轩诗钞·附录［M］．上海：上海中华书局，民国十六年（1927）．铅印本．

[2] （民国）侯学愈．续梁溪诗钞：卷二十一［M］．锡成公司代印，民国九年（1920）．铅印本．

[3] 发逆乃封建统治阶级对太平军的蔑称。

[4] （清）秦焕．水竹轩诗钞·附录［M］．上海：上海中华书局，民国十六年（1927）．铅印本．

[5] （清）秦焕．水竹轩诗钞·跋［M］．上海：上海中华书局，民国十六年（1927）．铅印本．

真朴，家风以成。”[1]

秦焕生活在清朝没落的年代，也是无锡秦氏没落的时期。他写诗道：“群盗牛毛起，生灵劫运穷，枕戈谁敌忾，投笔欲从戎。壮志儒冠误，邀功巧宦工，何时妖祲扫，玉帛万方同。”[2] 他虽有心振兴国家、复兴秦氏，但是时局已不可逆转，秦氏的没落也是历史的必然，凭一己之力，自然是回天乏力。

Ⅳ. 书香名园：文化的物化与物化的文化

无锡秦氏400多年间发扬了孝友的传统，涌现出多位令人景仰的孝友模范。这样的优良家风再加上大多子孙都致力于科举入仕，所以无锡秦氏成为书香门第、江南文化世家。众多子孙不但科举方面颇有成就，而且也潜心研究学问，出现了像秦镛这样的儒学大家，也出现了秦蕙田这样的礼学大家。在诗歌、古文辞方面更是人才辈出，因此秦氏给后人留下了许多珍贵的著述。同时，秦金始创的“凤谷行窝”经过秦氏子孙的不断扩建与改造，也成为江南名园，成为物化的文化。

4.1 书香门第

秦氏子孙的众多著述不但对研究秦氏家族的历史有重要的作用，也为研究我国封建社会相关领域提供了珍贵的史料。除史学

---

[1] （清）秦焕. 水竹轩诗钞·序言［M］. 上海：上海中华书局，民国十六年（1927）. 铅印本.

[2] （清）秦焕. 水竹轩诗钞·靡燕集［M］. 上海：上海中华书局，民国十六年（1927）. 铅印本.

价值外，对于文学、艺术、诗歌等方面的研究都颇有意义。

秦氏先人秦旭就在诗词方面有一定建树，他创立了碧山吟社，与志同道合者吟诗作赋，乐此不疲，他的作品被后人收录到《秦氏三府君集》当中。因秦旭“诗名擅一时，垂奕世。而当时家庭间，又每以诗训其子若孙，故秦氏诗学遂为家传”[1]。很多子孙在诗词方面都有一定的成就。

秦旦之子秦镗在文学方面就颇有造诣，他最喜欢苏轼父子的诗词，人称他：“诗文精绝。其于古文词，则动称老泉、东坡、李太白，间为之多似其语。”[2] 秦镗以上秦旭以下，短短几代，秦氏子孙诗词方面就已经有了一定成就，这方面著述已经很多。秦夔有《五峰遗稿》，秦爽有《涤烦亭稿》，秦旦“尤为朴□简重，读史之暇，时为短吟以寄意。然性不喜炫露，或一诵而不命稿，或稿具而辄自秘之，乃卒无从省录”[3]。另外还有《抱拙集》、《东皋集》、《卑牧集》、《豫斋家集》等。秦金之作为数最多，后人将秦旭、秦金、秦瀚三人的著作收录在《秦氏三府君集》当中。秦镗虽然“为文词有古风，然以为末艺不足学，所存特类樗稿，续修秦氏谱耳”[4]。虽然其子秦瀚将其诗词编成《樗林摘稿》，但是其“生平所为诗，亦不止是”。书中收录的“实存什一于千百者耳”[5]。之所以称他的诗集为《樗林摘稿》是因为他“以樗废不庸于时，又自号类樗子”[6]。时人亦称赞他的诗说：“乐易诗大篇短章，矢口而成，尤长于歌，行命意炼，句雄健敷，腴绝类其祖。”[7] 不仅在

[1] （明）秦镗．樗林摘稿·后跋［M］//四库全书存目丛书．集55．济南：齐鲁书社，1996.
[2] （明）秦镗．樗林摘稿·附录［M］//四库全书存目丛书．集55．济南：齐鲁书社，1996.
[3] （明）秦镗．樗林摘稿·后跋［M］//四库全书存目丛书．集55．济南：齐鲁书社，1996.
[4] （明）秦镗．樗林摘稿·附录［M］//四库全书存目丛书．集55．济南：齐鲁书社，1996.
[5] （明）秦镗．樗林摘稿·后跋［M］//四库全书存目丛书．集55．济南：齐鲁书社，1996.
[6] （明）秦镗．樗林摘稿·前序［M］//四库全书存目丛书．集55．济南：齐鲁书社，1996.
[7] （清）秦彬．锡山秦氏诗钞·前集：卷四［M］．道光十九年（1839）．刻本．

文学方面，在艺术方面秦氏子孙也有所成就。秦氏第二十代秦祖永在画坛颇有成就，他“字禹臣，国子生。少慧，工词章书法，与弟宝玑齐名。长老咸以翰院期之。咸丰庚申（咸丰十年，1860年）科案县试冠军。以匪乱未及院试。乱平，南北乡试闱五荐未售，感愤不平之气，一寓于诗酒声色以自遣。卒年四十，士林交口惜之”❶。关于他的研究已有丁薇薇专文，此不赘述。❷

秦氏子孙众多著述中，有很多都已失传，但保存下来的也为数不少。秦瀹、秦金、秦镛、秦坊、秦松龄以及秦镗等人都有著述被收入《四库全书存目丛书》之中。特别是秦蕙田的《五礼通考》被收入《四库全书》当中，时人认为是“秦汉以来未有之书”。他遍考五礼之沿革，在徐乾学所编礼书的基础上，历时38年才完成此书，此书分75类，362卷。❸ 秦氏子孙抒发感悟、思绪的文集、诗集也有很多，它们对研究我国古代文学也有一定的价值。秦氏子孙的著述大致可分为以下几类：文集诗集、家谱县志、先人语录与行实、个人有关方面的心得及有关历史事件的记载。秦氏著述最大的特点就是后世子孙对前人行为、作品的整理及有关家族的历史、先人的行实等方面的著述颇多。这一特点为研究无锡秦氏提供了充足的史料，也体现了秦氏子孙尊祖敬宗的传统。

学界对秦蕙田及秦祖永的著作有一定的研究，笔者则从修身、

---

❶（民国）侯学愈．续梁溪诗钞：卷十五［M］．锡成公司代印，民国九年（1920）．铅印本．

❷ 秦祖永的绘画成就南京艺术学院的丁薇薇对其有比较系统的研究。2005年写有《逸的审美内涵》这一硕士论文，并且先后发表了“逸的审美内涵——秦祖永论逸研究”（《东南文化》2004年第3期）以及“秦祖永《桐阴画诀》评析”（南京艺术学院学报（美术及设计版）2001年第3期）等文。

❸ 学界有关《五礼通考》的研究有很多，其中有代表性的有：王炜民著《秦蕙田与五礼通考》，《阴山学刊》1999年第1期；社科院中国古代思想史专业的林存阳于2000年写的《清初三礼学》这一博士论文，2002年还出版了《清初三礼学》这一专著；及折辅民在1994年第3期的《古籍整理研究学刊》发表的《〈五礼通考·宾礼〉校读》。

齐家、治国平天下的角度对秦氏比较有代表性的几部著作进行研究，它们也是秦氏著述的代表。

4.1.1 道学先生秦坊

与秦耀同时期的秦坊，虽未入仕但却有著述示人。秦坊“字表行，贡生。操履纯正，长厚乐善。置义田赡近族之贫者，既而族人欲以银易米，又求析田，且指田索值，坊应之无倦也。尝著范身、范家集略，学者尊为祭酒”❶。

《范家集略》分“身范、程范、文范、言范、说范、闺范。自周秦以及明代，凡前贤格言、懿行汇为一帙”❷。秦坊写此书的目的就是要改变人们只“知有身耳闲有家”的状况。“家有父子、昆弟、夫妇居五伦之三，三者不能无美恶。而身则有好有恶，好恶辟而三者先受之传，故反言不修，以决身外之无本明乎本，外无范

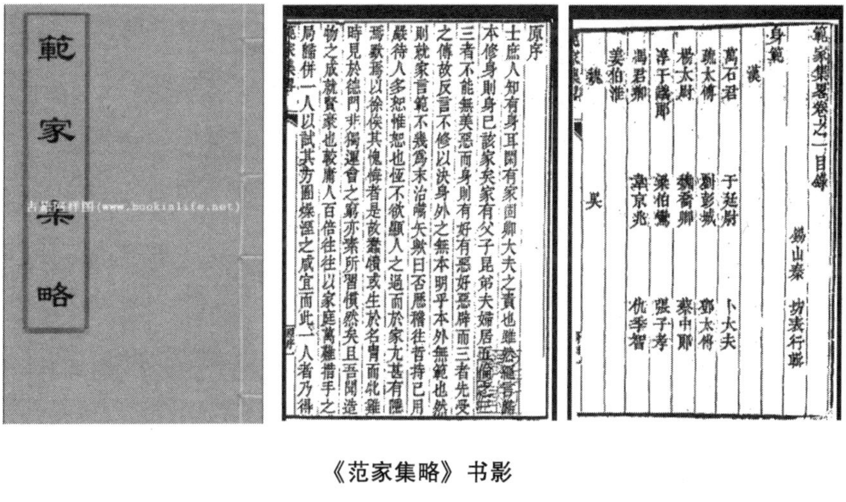

《范家集略》书影

❶ （清）秦缃业. 无锡金匮县志：卷二十五［M］. 光绪六年（1880）.

❷ （明）秦坊. 范家集略·提要［M］//四库全书存目丛书. 子158. 济南：齐鲁书社，1996.

也。”最终要使人们像先哲一样“持己用严，待人多恕”[1]。但是，此书缺点在于颇冗杂。内容上也无新意，实属维护封建礼教的陈词滥调。

《范家集略》共有六卷，第一卷为“身范”。“易家人，初九，闲有家。上九，有孚威如终吉。夫子曰：‘威如之吉，反身之谓也’。此秦子六范託始，范身之意欤。”[2] 身范中所讲内容以朝代划分，而后又按君、臣、民的次序，先讲为君之道，再讲为臣之道，最后是为人之道。开篇即讲述了万石君。“万石君，名奋。其父赵人也，姓石氏。文帝时太子太傅。及孝景帝即位，以为九卿迫□惮之，徒奋为诸侯相。”[3] 石君 15 岁时就开始侍奉汉高祖，“高祖与语，爱其恭敬”[4]。日后，万石君父子皆显贵，依然恭敬如初。其家族也因此受到了窦太后的赞赏。所以说，为臣必须恭敬，对君主要绝对地敬畏。作为君王则要仁慈。宋太祖初即位就曾密刻一誓碑于太庙，此碑不允许任何人观看。日后人们见其誓有三，一云：“柴氏子孙有罪，不加刑，纵犯谋逆，止于狱中赐尽。”一云：“不得杀士大夫，及上疏言事人。”一云：“祖孙有渝此誓者，天必极之。”[5]

“身范”之后是“程范”，此卷是讲述前贤如何治家的。士大夫应该：“言有物，行有恒。门庭之内，可无条约以束之，尺度以

---

[1] （明）秦坊．范家集略·原序［M］//四库全书存目丛书．子 158. 济南：齐鲁书社，1996.

[2] （明）秦坊．范家集略·身范·小引［M］//四库全书存目丛书．子 158. 济南：齐鲁书社，1996.

[3] （明）秦坊．范家集略·身范一［M］//四库全书存目丛书．子 158. 济南：齐鲁书社，1996.

[4] （明）秦坊．范家集略·身范·小引［M］//四库全书存目丛书．子 158. 济南：齐鲁书社，1996.

[5] （明）秦坊．范家集略·身范十三［M］//四库全书存目丛书．子 158. 济南：齐鲁书社，1996.

制之乎?”[1] 所以，“凡为家长，必谨守法礼，以御群子弟及家众。分之以职，授之以事，而责其成功。”[2] 家长应该尽量节俭，量入为出。后辈则应该将钱财尽归父母。有事决断必须请示父母。而且，为人子弟“须要早起夜眠，凡喧哄斗争之处不可近，无益之事不可为”[3]。所以，治家当以严为主。

再次是文范与言范。“言之无文，行之不远”。文对人是十分重要的，所以“古人命曰文命，教曰文教，德曰文德”[4]。“文范”主要是记载前贤先哲训诫子孙的文章。“易大传曰：‘其出入以度，外内使知惧。’又明于忧患与故，无有师得，如临父母。”[5] 与“文范”稍有区别，“言范”则记载了前贤是如何训诫其子孙的。所以同为训诫子孙，以文传者叫做“文范”，以言传者则为“言范”。“文范”当中也记载了帝王教育后代的文章。书中载，明太祖朱元璋训诫诸位王子时说：“藻华杂佩，为身之容。恭逊温良，为德之容。见于外者可以知其内也。”所以一定要修身养性，“己德既修，自然足以服人，贤者汇进，而不肖者自去。能修德进贤，则天下国家未有不治”[6]。帝王训诫其子孙要有帝王之道，而士大夫、普通百姓则要训诫子孙为人之道。王守仁训诫子侄时便说：“尔辈须以

---

❶ （明）秦坊．范家集略·程范·小引［M］//四库全书存目丛书．子158．济南：齐鲁书社，1996.

❷ （明）秦坊．范家集略·程范一［M］//四库全书存目丛书．子158．济南：齐鲁书社，1996.

❸ （明）秦坊．范家集略·程范四［M］//四库全书存目丛书．子158．济南：齐鲁书社，1996.

❹ （明）秦坊．范家集略·文范·小引［M］//四库全书存目丛书．子158．济南：齐鲁书社，1996.

❺ （明）秦坊．范家集略·言范·小引［M］//四库全书存目丛书．子158．济南：齐鲁书社，1996.

❻ （明）秦坊．范家集略·文范四十八［M］//四库全书存目丛书．子158．济南：齐鲁书社，1996.

仁礼存心，以孝弟为本，以圣贤自期，务在光前裕后，斯可矣。”❶

《范家集略》第五卷为“说范”。此卷主要集录了历代诸家的家训。士大夫家子弟自六七岁便开始读书，至十五六岁可以说有了一定的学识。“此十年提命，一生根柢也。”❷ 但是先人之言为主，子孙在学习的过程中要学会如何为人，只有学到了这点，才能终生受益。教育子弟并不是一朝一夕的事情，必须是一个潜移默化的过程，“父兄之训，子弟之率，惟在朝夕之浸灌、滋润而已”❸。所以，家训对子孙来说就相当重要了，长辈训诫都不如家训持久，不如它影响深远。所以，秦坊将诸家家训汇为一卷，名曰“说范”。并且，家训之后将群书汇钞与韵语录一同收入此卷，主要是记录了诸书籍当中教人怎样修身养性的内容。

《范家集略》最后一卷为“闺范”。传统思想认为，家庭之内应该“女正乎内，男正乎外”。而“正之者谁乎？曰：家人有严君焉。”❹ 但是，近世士大夫家中这种情况似乎有所逆转，这是封建社会所不能容忍的。所以，秦坊在此书中又有一卷为“闺范”，介绍了历朝历代慈母、贤妇如何教子、相夫。同时又列举了作为女子应该遵守的女训、女德。

综观《范家集略》，其内容无非是告诫世人如何“修身、齐家、治国、平天下”，宣扬纲常礼教。秦坊也试图通过此书巩固封建伦理，维护封建道德。

---

❶ （明）秦坊．范家集略·言范十五［M］//四库全书存目丛书．子158．济南：齐鲁书社，1996.

❷ （明）秦坊．范家集略·说范·小引［M］//四库全书存目丛书．子158．济南：齐鲁书社，1996.

❸ （明）秦坊．范家集略·说范·小引［M］//四库全书存目丛书．子158．济南：齐鲁书社，1996.

❹ （明）秦坊．范家集略·闺范·小引［M］//四库全书存目丛书．子158．济南：齐鲁书社，1996.

4.1.2　经学大家秦镛

秦镛不仅在仕途上有一定成就，而且在学术上也有所建树，曾经师从高攀龙。他的《秦弱水集》被收入《广理学备考》中。“广理学者，野史氏曰：凡学不足以阐经，传言不足以补先儒，则愚不举焉。先生阐经传者也，补先儒者也。”❶ 秦镛之父——秦尔载曾师从于高攀龙，秦镛年少时随父拜见高攀龙，其父戒之曰：“自今以往，一言一行必以吾师为法。公遂受业于忠宪之门。”秦镛为人与做学问都受到了高攀龙的好评。“尝语人，秦大音之过人无他焉，只是一真。”❷ 秦镛：“于书博览穷索，多发前人未得之蕴，尝自言：‘某于高子半日读书之功，多半日静坐之功’”❸。他师从高攀龙，而且有17年的时间潜心研究学问，所以深得高攀龙真传。张有誉曰：“公之学，得高子之传，信矣。”❹ 高攀龙与秦镛“益专于主静以明心见性。”❺

在学问上秦镛虽然师出高攀龙，但是他也有与高攀龙所见不同的地方，人们都知道他怎样继承了高攀龙的学问，而很少有人了解其与高攀龙的不同之处。“昔人论为政宽猛，如循环学问虚实亦然。姚江以还，学者一扫阶级无复纪纲，故高子以实救之。”但是秦镛却不这样认为。因为“及东林而后，记诵词章之锢复深，学者徒袭门庭，冈窥宗旨，故公以虚济之”❻。

秦镛偏爱王守仁的良知之说，但在他的著作中“论学更杂禅

---

❶ （明）秦镛．秦弱水先生集［M］//广理学备考．五经堂汇编，道光五年（1825）．刻本．
❷ （民国）秦毓钧．锡山秦氏文钞：卷之三［M］．咏烈堂印行，民国十九年（1930）．
❸ （清）顾光旭．梁溪诗钞：卷十三［M］．文苑阁，宣统三年（1911）．
❹ （民国）秦毓钧．锡山秦氏文钞：卷之三［M］．咏烈堂印行，民国十九年（1930）．
❺ （民国）秦毓钧．锡山秦氏文钞：卷之七［M］．咏烈堂印行，民国十九年（1930）．
❻ （民国）秦毓钧．锡山秦氏文钞：卷之三［M］．咏烈堂印行，民国十九年（1930）．

家语录”[1]。他的著作不但集前人之大成，而且挖掘出了更深层次的内容。只看《易序图说》，“以上经分五段象阳，下经分四段象阴。每段爻数阴阳配合，皆极自然之妙。其阐发象爻精义，更于训古之外别造渊微。通书校定篇章，条贯精密。其前二图明太极，妙合先天之象，后三图明通书九卦通括全书，诣皆得周子隐而未发之义。”《皇极内篇》则是“仿易象之意畴为之衍复为说。九篇引其端，皆探赜索隐。上契禹畴箕范，不独为蔡氏功”。他这方面的造诣深得世人肯定，秦镛之弟秦锳说：“严子祺先生，深于易者也，数从吾兄论易，辄叹吾兄象数易理兼旨其极。”秦镛的《参同阁文集》则“所作诗歌古文辞片言只字，俱从肝膈中流出，不作情面应酬语。而醇深雅健，直登作者之坛”[2]。

《广理学备考》中收录的《秦弱水先生集》主要都是秦镛有关经学的一些见解。通过这些见解更能使人深刻地体会到秦镛是“阐经传者也，补先儒者也”。

（一）仲弓问仁章

秦镛认为把《论语》问仁各章合在一起更能体现出“仁”字的本义。虽然所讲的具体内容可能不同，但“总是仁体，只是入手处不同耳。”“克己复礼”一章为乾道，“仲弓问仁章”章则为坤道。克己复礼之所以是乾道，是因为它直截了当，而“仁”则指敬、恕两件事，其“工夫绵密，步步着实，所以为坤道。”要做到“仁”则要主敬行恕，同时“又在恕字上看出，仁者人也”。“所以说爱人，说立人、达人，说能行天下，说天下归，总不离这人字。”[3] 只有与“人”通，才是真正的“仁”。因此“私欲之己不

---

[1] （民国）秦毓钧．锡山秦氏文钞：卷之七［M］．咏烈堂印行，民国十九年（1930）．

[2] （民国）秦毓钧．锡山秦氏文钞：卷之三［M］．咏烈堂印行，民国十九年（1930）．

[3] （明）秦镛．秦弱水先生集［M］//广理学备考．五经堂汇编，道光五年（1825）．刻本．

是真己，所以要克。公共之己才是真己，所以要推”[1]。“直到人己之间，焕然若一，在家在邦是处无怨，这便是天下归仁景象。”[2]

（二）饱食终日章

秦镛认为，一部《论语》只有三个“心”字，宋儒所说心学，千万言不如《论语》简洁明了。“第一句，从心不逾矩，是圣人心学。第二句，其心不远仁，是贤人希圣之学。第三句，要有所用心，是凡人入圣之学。”[3] 针对“饱食终日章”，“言终日者何？吾人终日之间，自晨兴盥漱，着衣吃饭，应事接物，以至梦回酒醒，哪一处不是用心的所在。”所以即使饱食终日者也必须用心做一件事情，因此必须珍惜光阴。倘若“憧憧往来之心，不是悠悠忽忽，便是莽莽荡荡”[4]，那么突然被问到留心何处，必茫然无以应对，这就叫做饱食终日，无所用心。

（三）武王周公达孝章

《中庸》达孝章是一书之精髓，中庸只一“诚”字，“但结归孝字，方见得即高远即卑迩，所以为中庸之道也。”孝原本是通澈无间的，是人人都可以循分自尽的。然而大舜之孝与武周之孝又是不同的。“大抵舜是天道，故达孝格天。武周是人道，故达孝尽人。”所以“大舜是事生存之孝，武周是事死亡之孝”。事生存之孝是有形有声的，“须要视于无形，听于无声，方是孝”；事死事亡是无形无声的，“须要忾乎如有闻，肃乎如有见，方是孝。”如果一个人能将二者都做到，便是至孝。“然武周制此礼，使天下万世皆可率而由之，便是达孝。”[5]

---

❶ （明）秦镛．秦弱水先生集［M］//广理学备考．五经堂汇编，道光五年（1825）．刻本．
❷ （明）秦镛．秦弱水先生集［M］//广理学备考．五经堂汇编，道光五年（1825）．刻本．
❸ （明）秦镛．秦弱水先生集［M］//广理学备考．五经堂汇编，道光五年（1825）．刻本．
❹ （明）秦镛．秦弱水先生集［M］//广理学备考．五经堂汇编，道光五年（1825）．刻本．
❺ （明）秦镛．秦弱水先生集［M］//广理学备考．五经堂汇编，道光五年（1825）．刻本．

（四）君子所性二节

《孟子》的“君子所性”节中，“孟子道性善。善是何物？仁义礼智是也。”这一句是中心，其他的都是旁引曲喻。比如“杞柳”章、“仁内义外”章都只拈仁义二字。“性反章”只拈礼字，“天下言性”章只拈智字，归结起来即为仁、义、礼、智。其他章节说“性”都没有这一章节切中要害。“此处在性上加一所字，而尤妙在根于心三字。”“夫性犹天也，心犹地也。天之气附于地，日之光依于月，故性之根著于心。”但常人与君子之性又是不一样的，常人是心根于性，君子则是性根于心。“常人之心陷溺已久，乍见怵惕，平旦好恶，根从何来，只此性真种子未亡耳。譬之蕉芽败种，虽不发，一点天机，未尝澌灭，此之谓心根于性。”君子所性，则是怀仁服义、秉礼抱智，把仁、义、礼、智种在了心里，这就是性根于心。然而孟子所说的性又与其他的性有所不同。“佛氏说性，直要心色俱空，方显性之广大。孟子说性，正要心色俱妙，方显性之精微。”“喜怒哀乐，异名同姓。仁义礼智异名同德。”❶

秦氏家族众多子孙中，经学首推秦镛，他也因为精通经学而得到世人的肯定。秦镛的许多后辈都师从于他，遂成为家传经学。在《秦弱水先生集》中，他简明扼要地讲解、分析了《论语》、《中庸》和《孟子》的部分章节。他的讲述通俗易懂、深入浅出，显示了深厚的经学功底，为后人研读晦涩的儒学经典提供了便利。

4.1.3　苍岘山人秦松龄

秦松龄在经学上的成就虽然没有秦镛高，但也不在其下，而辞章之学则在秦氏族人中算得上出类拔萃，深得时人称道，其因

❶（明）秦镛．秦弱水先生集［M］//广理学备考．五经堂汇编，道光五年（1825）．刻本．

学识渊博而被荐举博学鸿儒。7 岁时，他“读中庸，闭目潜思良久，告其师曰：吾识性矣”❶。19 岁时就得到顺治帝的赏识，那时他官庶常，“世祖章皇帝诏试咏鹤诗。有：‘高鸣常向月，善舞不迎人’之句”。世祖“指示阁臣曰：‘此人必有品’，置第一”❷。松龄在仕途生涯中曾因故被罢归，后又应人之请在军中讲学，并颇受士兵们的欢迎。“公为陈说忠孝大义，介胄之士无不书悚听其学。”❸

秦松龄“生平于书无所不窥”❹，“居里二十余年，研精宋五子书，笃志穷经，尤邃于诗”❺。时人十分欣赏他，有人曾就其所作咏鹤诗赠句云：“秦子清真五字诗。”❻ 秦松龄特别精于诗学，其诗作被收入《微云词》中。松龄仕途曲折，罢官后即潜心研究学问，常与故人遗老在寄畅园中吟诗作赋。

秦松龄的著述颇多，“自毛郑以下，旁及欧苏、吕严诸家，参以己见，补朱传所未备，有毛诗日笺四卷行世。别有书经春秋日笺”❼。《毛诗日笺》中“凡有疑义乃为疏解，亦不尽解。全诗故曰：‘日笺’”❽。王世祯在其《居易录》中说：“秦宫谕所辑毛诗日笺，所论与余夙昔之见颇同，其所采取亦甚简当。”❾

秦松龄的作品大都收在《苍岘山人文集》中，此书集录了他

---

❶ （民国）秦毓钧．锡山秦氏文钞：卷之四［M］．咏烈堂印行，民国十九年（1930）．

❷ （清）尹继善等修；黄之隽等纂．江南通：卷一百六十三［M］//文渊阁四库全书．第511本．台北：台湾“商务印书馆”，1986.

❸ （清）秦彬．锡山秦氏诗钞・今集：卷二［M］．道光十九年（1839）．刻本．

❹ （清）秦彬．锡山秦氏诗钞・今集：卷二［M］．道光十九年（1839）．刻本．

❺ （民国）秦毓钧．锡山秦氏文钞：卷之四［M］．咏烈堂印行，民国十九年（1930）．

❻ （清）顾光旭，侯学愈．梁溪诗钞：卷十七［M］．文苑阁，清宣统三年（1911）．

❼ （清）秦缃业．无锡金匮县志：卷二十一［M］．光绪六年（1880）．

❽ （清）秦松龄．毛诗日笺・提要［M］//四库全书存目丛书．经73. 济南：齐鲁书社，1996.

❾ （清）秦松龄．毛诗日笺・提要［M］//四库全书存目丛书．经73. 济南：齐鲁书社，1996.

的思想与见解。他十分欣赏东林诸君子，认为东林诸君子是因为“道不行于时，退而归隐，与一二同志，阐圣贤之学，非有意于四方之声气也”。他们主张为学在于“经世”，以区分君子与小人为己任。于是“世之慕为君子者，翕然归之，及再起而立于朝”。而“小人疾之如雠，目为朋党”。虽然诸君子一再遭小人暗算，但声名却日益高远，仿效他们的士大夫也越来越多。“其中号为眉目者，大都崇尚气节，犹不失诸君子之旧，而于广声气，持朝局不能无益乎。”❶

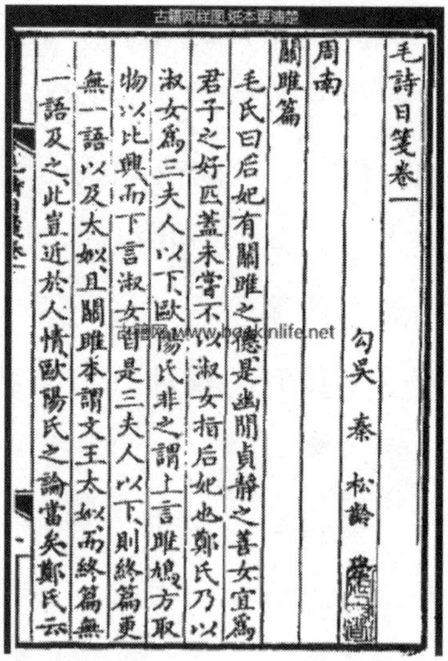

毛詩日箋卷一　勾吳　秦　松齡　撰
周南
關雎篇
毛氏曰后妃有關雎之德是幽閒貞靜之善女宜爲
君子之好匹蓋未嘗不以淑女指后妃也鄭氏乃以
淑女爲三夫人以下歐陽氏非之謂上言雎鳩方取
物以比興而下言淑女旨是三夫人以下則終篇更
無一語以及太姒且關雎本謂文王太姒而終篇無
一語及之此豈近於人情歐陽氏之論當矣鄭氏云

《毛诗日笺》书影

《苍岘山人文集》充分体现了秦松龄“天下兴亡，匹夫有责”的思想。他认为士大夫于国于民都应该发挥自己的作用，是其职责所在。“古之所谓大臣者，其设施在朝廷，其德泽在天下，其言论功绩在吏官。”当世士大夫应该像他们一样，为国为民作出一定的贡献。“国家之属望于士者，欲其先德行而后文艺。”但当今的选拔方法却只重文艺而忽略了德行，所以“士方争务浮华，以希遇合，而不暇德行”。这样就失去了

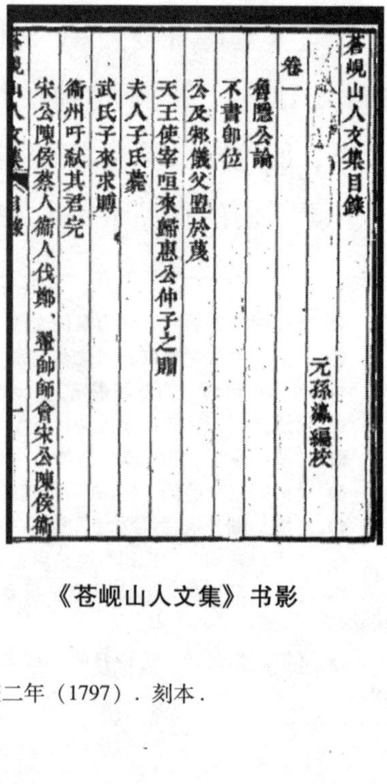
蒼峴山人文集目錄　元孫瀛編校
卷一
魯隱公論
不書即位
公及邾儀父盟於蔑
天王使宰咺來歸惠公仲子之賵
夫人子氏薨
武氏子來求賻
衛州吁弒其君完
宋公陳侯蔡人衛人伐鄭翬帥師會宋公陳侯衛
蒼峴山人文集　目錄　一

《苍岘山人文集》书影

❶ （清）秦松龄．苍岘山人文集：卷二［M］．嘉庆二年（1797）．刻本．

"学"的初衷，并且"失其教化之本，而科条政令之施，徒为文具而去实也"。不但如此，士大夫是民众学习的榜样，如果他们所追求的东西有偏颇，自然会影响到民众。"风俗之厚薄系乎士，习士习者，小民之所望而趋也。士习端，而天下之风俗可得而正矣。"但是，士习端正与否并不是士大夫自己决定的，"必为之上者有以感动而兴起之，而后知所慕而为善，则学使之责为至重也"❶。但士大夫也不能完全取决于"上者"，"士君子之处事，必先辨其志，志既立而济之以学，遂可终身而不移。夫世之能移人志者莫过于仕宦，于此而不能移，则真君子矣"❷。

4.1.4 小岘山人秦瀛

秦瀛为继承先人遗志自号小岘，著述名为《小岘山人文集》。秦瀛十分喜爱诗词文学，"少负异禀，操笔千言，以诗古文名当世"❸。在杭嘉湖道为官的七年当中，"以文章山水自任，招邀贤俊，屡为诗酒之会"❹。还曾修望湖楼以祭祀苏东坡，在龙井寺旁隙地建祠祭祀先祖秦观，并写有《淮海公年谱》共六卷，考证了淮海先生墓地的真正所在。60 岁时，因目疾回乡，结束了仕途生涯。回乡后"总纂邑志，续修家谱，多所改正，皆因事起例，不规规于前说"❺。

秦瀛"襟怀潇洒，虽位通显，而仪度同于山泽之□"❻。时人评价说"为人翛然自远，落落然不以时俗为取舍"❼。他颇擅古文

---

❶ （清）秦松龄．苍岘山人文集：卷三［M］．嘉庆二年（1797）．刻本．
❷ （清）秦松龄．苍岘山人文集：卷五［M］．嘉庆二年（1797）．刻本．
❸ （清）秦缃业．无锡金匮县志：卷二十［M］．光绪六年（1880）．
❹ （民国）秦毓钧．锡山秦氏文钞：卷之七［M］．咏烈堂印行，民国十九年（1930）．
❺ （民国）秦毓钧．锡山秦氏文钞：卷之七［M］．咏烈堂印行，民国十九年（1930）．
❻ （民国）侯学愈．续梁溪诗钞：卷三［M］．锡成公司代印，民国九年（1920）．铅印本．
❼ （清）秦彬．锡山秦氏诗钞·今集：卷八［M］．道光十九年（1839）．刻本．

辞，《小岘山人文集》是他的主要著作。

“秦氏素以事功经术见称，至对岩学士（秦松龄）始擅词章，有苍岘山人文集。故凌沧以小岘名其集。”[1] 他在古文方面的造诣为时人称道，同乡之人认为当时文人不是专攻训诂之学，就是沉迷于“骈偶，缘情绮靡，竞以妃青俪白为工”，“独凌沧先生为于举世不为之日，孑立孤行，深造自得，著小岘山人集，洵为吾锡治古文者开山之祖。”[2] 许多人都请秦瀛为先人写传或墓志铭。武进臧和贵死，其弟请秦瀛为兄作传，而“和贵之没，既有大兴相国朱公传之，宛平严君可均又为作别传”，此二人都是当时的古文大家。和贵之弟却说：“严君言，方今能为古文者大兴相国及子乡秦公也，庸既得相国文，益以得乡先生之言为重。”虽然时人如此推崇秦瀛的古文，但是他认为：“余向者习为古文辞，不求人知，世亦无知余者。既而人稍知之，近则知之者众，且共推以为能。余不自知其果能与否，而世推余文以为能者，亦未必果知余也。”[3]

《小岘山人文集》是秦瀛著述中比较重要的一部。其中不但体现了他作学为文的态度，也是其政治见解的重要体现。这些政治见解充分体现了他忧国忧民、力图治国安邦的思想。其内容大致分为：

（一）尚志、尚实的治学观

秦瀛在治学方面有独到的见解。教育其子缃武说“以辞胜者非文也，虽然古人之教有质焉、有文焉，有文无质虚车之饰，麒麟之楦，羊质而虎皮也，若是者，质贵第有其质矣”[4]。为文之后，

---

[1] （民国）侯学愈．续梁溪诗钞：卷三［M］．锡成公司代印，民国九年（1920）．铅印本．
[2] （清）秦瀛．小岘山人文集·例言［M］．环溪草堂，民国二十二年（1933）．校本．
[3] （清）秦瀛．小岘山人续文集：卷一［M］．环溪草堂，民国二十二年（1933）．校本．
[4] （清）秦瀛．小岘山人文集：卷一［M］．环溪草堂，民国二十二年（1933）．校本．

如果要立言则有严格的要求。“古君子之立言也，无不本于学，盖非徒以其言而已，必将行其道焉。修辞立诚所以居业，言不文不足以行远，是非酝酿于道德之精微，则发为文章必不能辞达而理举，而非有德位道之君子，则其言亦无所凭以发挥于事业。”❶ 他认为，为文、为学都不能只有空谈，要有志趣，要有实际行动，要有道德，还要有事功。“自古立言之士，非徒以其言而已，必视其志事之所存，有实志而后有实学，有实学而后有实事。志不可见，于学验之，事之未见，于言征之。方今经师专事训故，文士仅工文章，而志趣库下，无以立其事，虽著述等身，文成数万，奚益焉?”❷ 所以他本人治学为文也不尚空谈，在仕途上也追求成就。

（二）勤政爱民的吏治观

文集中表现了秦瀛时刻关心百姓疾苦，处处忧国忧民的精神。他认为有责任有抱负的人仕途进退都不能出于一己私心，退是不得已，不是为博得清高的虚名，进也不是为了追名逐利。所谓“古大臣负天下之望，出处进退内断于中，皆非苟焉而已。其退也，非以鸣高也，不得已而退，将以待时而动，而其心未尝一日忘天下也。其进也，非以干名蹈利也，有其进之具而适与时，会将取平日未竟之绪，施之于天下，而布之于斯民也”❸。同时，他也强调“民生吏治”的重要性，认为名臣对于国家有至关重要的作用，“古君子以其身负天下之重，而国家之安危系焉，其进也有所为，而社稷蒙其福，天下于是有磐石之固”❹。因此，统治者要想国泰民安必须重视吏治，“惟民生实国计之根源，吏治关民生之命脉。”

---

❶（清）秦瀛．小岘山人文集：卷三［M］．环溪草堂，民国二十二年（1933）．校本．

❷（清）秦瀛．小岘山人文集：卷四［M］．环溪草堂，民国二十二年（1933）．校本．

❸（清）秦瀛．小岘山人文集：卷二［M］．环溪草堂，民国二十二年（1933）．校本．

❹（清）秦瀛．小岘山人文集：卷六［M］．环溪草堂，民国二十二年（1933）．校本．

"为国家培元气必须厚民生，欲厚民生必须清吏治。""为治必先爱民，爱民必先安民，安民必先察吏。吏循则使民自养，民得自养则民安，民安则无盗贼之足患。"[1] 官吏本身，必须以勤政爱民为己任，要为国尽忠，以天下为念。"天之生君子将以有为也，天既生之畀以大有为之才，而适当需才之时，天必更生用君子之人，使之救乱扶危以尽其才，无所疑忌推沮，而后能为国家之用，社稷之福。"[2] 并且："人臣不幸，当社稷有难以身殉之，义也。若其忠义激发，知通俱奋，手除逆贼，俾社稷危而复安，其功不更伟欤？"[3]

但是，秦瀛所在之世，吏治并不尽如人意。他痛恨贪官污吏，把他们比作祸害百姓的蝗虫。在文集中形容贪官道："今有一物于此，躯长若虺，性毒于蝎，其声如豺，其形如蜮，左右皆其爪牙，前后并其羽翼，睅其目，皤其腹，嘘气裂肤，张吻刺骨，吸百姓之膏，而瞰万民之血。"[4] 当时很多贪官污吏横行，敲诈勒索，鱼肉百姓。他告诫其弟说："夫世之为吏者，大都贪冒无耻，朝夕所营惟知有利而已。利与义相反，害与利相因，但知有利必悖乎义，悖乎义而但知有利，利所在害即随之。"[5] 那些人之所以唯利是图，是因为："方今士大夫沉溺于名利之场，人欲衡决，天理绝灭，正坐日诵圣贤之书，不知居敬穷理、躬行实践耳。有世教之责者，且先诏以礼义廉耻、孝弟忠信，切实为下学功夫，而无暇高谈心性，窃谓其要尤在乎知耻。"[6]

---

[1] （清）秦瀛．小岘山人文集：卷二［M］．环溪草堂，民国二十二年（1933）．校本．
[2] （清）秦瀛．小岘山人文集·补遗［M］．环溪草堂，民国二十二年（1933）．校本．
[3] （清）秦瀛．小岘山人续文集：卷一［M］．环溪草堂，民国二十二年（1933）．校本．
[4] （清）秦瀛．小岘山人文集·补遗［M］．环溪草堂，民国二十二年（1933）．校本．
[5] （清）秦瀛．小岘山人续文集：卷一［M］．环溪草堂，民国二十二年（1933）．校本．
[6] （清）秦瀛．小岘山人续文集：卷一［M］．环溪草堂，民国二十二年（1933）．校本．

（三）以文取士的教育观

秦瀛认为，吏治对于国计民生有十分重要的作用，所以十分关心官吏的选拔，文集中有很多关于选拔官吏的见解。他对当时选拔官吏的方式并不十分认同，认为："国家以文取仕，所谓文者，代孔孟立言道至尊也。自夫为文者，惟务速化之术，而失其所以为文之本，则其道日卑，而有司以是求，下以是应，率繇乎此，此人才之所以衰，而人心风俗之所以坏也。"❶ 认为当时选拔人才太过重视辞章表面，而不重人之根本，孔孟思想之实质，也就是思想道德教育缺失，这是人才选拔和培养上的重大失误。因此认为要移风易俗就必须重视学校、教化的作用，让民众懂得仁义礼智，"然仁义礼知之德，凡民实与圣贤同，具扩而充之，无不可进于善。而孔孟之教，渐柔于斯人者，久而不泯。王者因之为政，以兴礼乐、以同风俗，其不以此也"。自古以来学校已有所变化，"古者学校之设所以明人伦，人伦明于上，小民亲于下。众著于君臣、父子、兄弟、夫妇、朋友之义，而治教隆三代以来，未有易之者也。秦时学废，至隋唐之际，天下始立学校。然惟通名城有之，又或有夫子庙而无学舍。宋庆历四年，诏天下皆立学校，迄于今，下州小邑无不有学，盖綦盛矣"❷，由此也出现了一些学派。"三代以上圣王之治，无不一出于学，其德则仁义礼智，其行则孝弟忠信，其术则诗书礼乐。其时自上达下无不立学之地，其子弟无不学之人。"而"三代以降，教尼不行，学或隆或替，要旨皆失圣王所以立学之意，而学乃不在上，而在下。繇是有异端之学、词章之学、科举之学，杂然并兴"❸。学校失去了之所以为学的根本，失

❶（清）秦瀛．小岘山人文集：卷四［M］．环溪草堂，民国二十二年（1933）．校本．
❷（清）秦瀛．小岘山人文集：卷五［M］．环溪草堂，民国二十二年（1933）．校本．
❸（清）秦瀛．小岘山人文集：卷五［M］．环溪草堂，民国二十二年（1933）．校本．

去了圣人教化的功能。因此，学校宜正本清源，以移风易俗、教化民众为任，应使为学之人“居敬穷理以立其体，而知类通达可以为国家之用”。这样学校教育“施之天下，则人才陶淑，而有化民成俗之美”❶。这样，才是学校之所以为学校，教育之所以为教育的根本。

（四）平定海盗之策

嘉庆初年，秦瀛任浙江布政使，当时“海洋多盗，劫掠运闽米船”❷，对于海盗，秦瀛有自己独到的见解，并因平定海盗问题数次上疏，其部分所上之疏被收入《小岘山人文集》中。其时海盗猖獗，为害一方，“官吏百姓无不痛恨，思草薙而禽狝之，虽寝处其皮、食其肉，不足以纾官吏百姓之忿”❸。秦瀛针对这一情况，疏陈广东治盗事宜，提出了行之有效的治盗对策。他认为海盗如此猖獗有三个重要原因。首先是因为武备废弛。“米船之劫掠，由于海洋之不靖，而海洋之不靖，实由于武备之废弛。浙省设立黄岩、定海、温州三镇水师，兵不为少，于战船之外新设缉匪各船，足供驾驶。如果将守平时操演有方，遇事争先奋勇，则运闽米船经由洋面一遇盗匪，所有巡哨各船自必出力救护。”❹ 如此则盗不能行，但由于武备废弛，故海盗无所忌惮。其次是因有土盗与其里应外合。“海盗之患固在夷匪、闽匪，尤在土盗。盖夷匪、闽匪出没重洋，其所至岛屿辄借土盗为之接引。土盗既与海盗通，在陆则为民，在洋则为盗，乘便劫掠无所顾忌。”❺ 最后，除了以上两条原因外，更重要的是地方的守备腐败。如前所述，由于武

❶（清）秦瀛．小岘山人文集：卷五［M］．环溪草堂，民国二十二年（1933）．校本．
❷（清）秦瀛．小岘山人文集：卷二［M］．环溪草堂，民国二十二年（1933）．校本．
❸（清）秦瀛．小岘山人文集：卷二［M］．环溪草堂，民国二十二年（1933）．校本．
❹（清）秦瀛．小岘山人文集：卷二［M］．环溪草堂，民国二十二年（1933）．校本．
❺（清）秦瀛．小岘山人文集：卷二［M］．环溪草堂，民国二十二年（1933）．校本．

备废弛，船只一旦被劫，官府无兵营救，即使有兵营救，捕盗的营员也“畏葸无能，舍真盗于不捕，而妄指商船为盗”。之所以出现这样的情况有两方面原因：“一则盗匪劫掠商船，遇哨船先以商船委之，而盗船因即扬去，哨船获商船辄以盗船报。一则哨船不敢近盗船，见商船辄横索赀财，商船不与便指商船为盗船。”[1] 应当说秦瀛的分析是准确的，这也是他长期调查了解的结果。

同时，秦瀛也分析了海盗群体，认为虽然人们都对海盗都痛心疾首，但沿海海盗并不都是大奸大恶之徒。如定海海盗“止傒乌合之众，其中犷悍不法为群盗倡者不过十数人，余皆漳泉民人，因岁饥荒不得食，不得已而从盗”[2]。

针对海盗出现的原因及捕盗现状，秦瀛上疏条陈广东治盗事宜。认为剿捕之法可分为以下几条：第一，讨军实。“水师废弛，则帑饷虚靡。洋商、盐商捐输宽裕，经手之员尚有侵渔，遣委之将仍复骄惰，非立法痛惩，徒资耗费。”第二，树声威。“欲制胜必先立威，欲立威必先示信，所谓信者何？亦曰，信赏必罚而已。”[3] 因“盗善侦探，非先声詟人，盗已轻我”。所以“兵行之日，督抚宜举觞欢饮，有功而归，开辕行赏，不用命者杀无赦”[4]。“用命者予重赏，不用命者予厚罚，赏罚明而将帅士卒无不用命于以制群盗之命，难庶海上无艅艎之警，而滨海百姓胥获安枕之乐矣。”[5] 第三，戒虚饰。“擒盗岂能皆真，一念邀功，谳多失实，偶有平反，不复深咎。嗣后总期弋获真盗，毋纵毋枉。至守御之

---

[1] （清）秦瀛．小岘山人文集：卷二［M］．环溪草堂，民国二十二年（1933）．校本．
[2] （清）秦瀛．小岘山人文集：卷二［M］．环溪草堂，民国二十二年（1933）．校本．
[3] （民国）赵尔巽撰．清史稿：卷三百五十四［M］．北京：中华书局，1977.
[4] （民国）赵尔巽撰．清史稿：卷三百五十四［M］．北京：中华书局，1977.
[5] （清）秦瀛．小岘山人文集：卷二［M］．环溪草堂，民国二十二年（1933）．校本．

法，尤宜急讲。炮台防守口岸，口岸多而汛兵少，盗船乘间直入；巡船复少，不能御盗，且为盗资。保甲仅属虚名，纵役讹索；反成厉政。欲行保甲团练，先须百姓服从。”❶ 吏治对于平盗也有相当大的作用，“严防守必先澄吏治，澄吏治必先固民心。”“吏治得则民自不为盗，吏治失则趋之为盗”❷。要想澄吏治则应该清狱讼、抑冗滥、惩蠹役。清狱讼是因为“粤民好讼，大小案件谕旨严饬，尚情屡易，莫可穷究”❸，所以州县必须“有一案清一案，务洗庸惰偏私之习”。抑冗滥是因为一些官员到任，“幕友长随，多人坐食，势不能复为廉吏。杂职武弁惟利是图，稍授以权即挟制文吏。杂职差委过多，亦滋扰累”。最后，“胥役熟悉地方情形，串通官亲家属肆为民害，广东胥役每有暗通盗匪，收受陋规，此尤不可不严行惩创也”❹。秦瀛所提治盗办法实质上是从两个方面入手的。一是加强武备，对海盗严厉打击；二是从官府内部做起，清吏治，平冤狱，不要逼良为盗。

4.2 传世名园

无锡秦氏不仅为后人留下了众多的精神文化——文集著述，同时还留下了物化的文化——传世名园寄畅园。寄畅园历史悠久，伴随着秦氏的兴衰浮沉，相传了几百年的时间，除秦道然时被官府没收过一段时间外，寄畅园几百年间一直是无锡秦氏的族产，无锡秦氏的历史与寄畅园的发展紧密地联系在一起，同时也见证了无锡秦氏的发展。

---

❶ （民国）赵尔巽撰．清史稿：卷三百五十四［M］．北京：中华书局，1977.
❷ （清）秦瀛．小岘山人文集：卷二［M］．环溪草堂，民国二十二年（1933）．校本．
❸ （清）秦瀛．小岘山人续文集・国史传［M］．环溪草堂，民国二十二年（1933）．校本．
❹ （清）秦瀛．小岘山人续文集・国史传［M］．环溪草堂，民国二十二年（1933）．校本．

4.2.1 寄畅园的兴衰

寄畅园乃秦氏的家族园林，所以又称“秦园”。秦金于正德年间（1506—1520年）购得惠山寺僧舍，“一曰南隐，一曰沤寓，元僧天然、明僧道瑨分居之……秦端敏公（金）并而为园”[1]，取名“凤谷行窝”。园成之时，秦金作了一首名为《筑凤谷行窝成》的诗，诗中写道：“名山投老住，卜筑有行窝。曲磵盘幽石，长松育碧萝。峰高看鸟渡，径僻少人过。清梦泉声里，何缘听玉珂。”[2]从此寄畅园的兴衰便与秦氏家族息息相关。无锡秦氏这一江南大族的起伏便是寄畅园的发展史。今天的寄畅园就是随着秦氏家族的兴衰在不断地改建、破坏与重建中逐渐形成的。

寄畅园

秦金逝世后，寄畅园传给了族孙秦梁，其父秦瀚于“庚申之夏（嘉靖三十九年，1560年）葺园池于惠山之麓”，重新修葺了寄畅园，并自叙园景道：“百仞之山，数亩之园；有泉有池，有竹千竿；有繁古木，青荫盘旋；勿谓土狭，勿谓地偏；足以容膝，足以息肩；有堂有室，有桥有船，有阁焕若，有亭翼然，菜畦花径，曲涧平川。”[3]这首诗与白居易的《池上篇》类似，足见其对寄畅园的修葺是十分满意的。他说，其在寄畅园中“日居月诸，莫知其然，优哉游哉，吾将终老乎其间”。并且自道：“池上篇乃白乐天

---

[1] （清）秦焕．秦氏丛谭：卷之一［M］．内蒙古图书馆藏手抄本．
[2] （清）秦焕．秦氏丛谭：卷之二［M］．内蒙古图书馆藏手抄本．
[3] （清）秦焕．秦氏丛谭：卷之四［M］．内蒙古图书馆藏手抄本．

居履道里时，醉后所成也，予每诵之辄喜其幽远，间恨不躡雅胜，以想其醉醒于卧石，握笔时不知作何态度也。”对寄畅园进行修葺之后，他“目中境界觉其一二肖似，遂益诵乐天之篇，字味而句讽之，恍然以为真似也。且于园池所有，而篇中不载者，增入数语，命之曰：广池上篇。书于池亭之壁”[1]。这是寄畅园建成以来进行的第一次扩建。

该园传至秦梁的侄儿秦耀时又进行了重大的改建。秦耀于万历十九年（1591）因被诬解职而回乡，于是寄抑郁之情于山水间，改筑园林。经过一番运筹，便着手浚池塘，兴土木；植花草，堆假山，并且构园景20处，名为：嘉树堂、清响斋、锦汇漪、清坊御、知鱼槛、清川华薄、涵碧亭、悬淙涧、卧云堂、邻梵阁、大石山房、丹邱小隐、环忌翠楼、先月榭、鹤步滩、含贞斋、爽台、飞泉、凌虚阁、栖玄堂，之后又“题诗计五绝二十首”。寄畅园这一名称也始于秦耀，秦焕在《秦氏丛谭》中写道：“寄畅之名自我十世祖舜峰公（秦耀）始，前此则或称凤谷行窝，或称凤谷山庄。”[2]“寄畅者取王内史寄畅山水阴句”[3]，也就是王羲之的《答许椽》中的一句。万历三十二年（1604）秦耀将家产分给四个儿子，把园一分为二。康熙初年，秦耀曾孙秦德藻又将其合并，并加以改筑。请了当时筑园名家华亭人张连之侄张鉽，在园内掇山理水，疏泉立石，对该园进行了重新设计。今天寄畅园内的一些景物仍保留着当时的原貌。后又一分为四。

雍正初年，秦道然因宫廷争斗受到株连而入狱，寄畅园因此被官府没收。秦蕙田于乾隆元年（1736）考中探花之后，痛上

[1] （清）秦焕．秦氏丛谭：卷之四［M］．内蒙古图书馆藏手抄本．
[2] （清）秦焕．秦氏丛谭：卷之四［M］．内蒙古图书馆藏手抄本．
[3] （清）秦焕．秦氏丛谭：卷之一［M］．内蒙古图书馆藏手抄本．

《陈情表》，秦道然获释，秦氏的家产也物归原主。乾隆十一年（1746）秦氏族人经过商讨，认为“惟是园亭究属游观之地，必须建立家祠，始可永垂不析”❶。将园内嘉树堂改为“双孝祠”，寄畅园成为祠堂公产，所以又名“孝园”。倡导“各房捐田为春秋祭祀之用”❷，并且要求秦氏子孙严加保护，“损伤祠中一草一木者以不敬论”。为了避免寄畅园再遭分裂，秦德藻一房四支“各捐田十亩，共成四十亩，以为春秋两祭之用”，剩下的钱财则用于修葺园林之用，并且提倡“凡我子姓，有情愿捐出田租保守先祠者，多多益善”❸。

含贞斋

康乾时期可以说是秦氏也是寄畅园的鼎盛时期。康熙、乾隆两帝在一百年间分别六下江南，每次都到寄畅园，都曾经为寄畅园题字、题诗等。他们的幸临，对寄畅园和无锡秦氏的发展与壮大有很大的影响。《秦氏丛谭》中记道：“（康熙四十二年，1703年）岁癸未，上南巡幸园，邛仙公松期随兄松龄接驾。”❹ 寄畅园内有樟树一株，“其大数抱，千年物也。圣祖每幸园，尝抚玩不置”。回京后还经常挂念此树，有诗云：“合抱凌云势不孤，名材

---

❶（清）秦焕．秦氏丛谭：卷之二［M］．内蒙古图书馆藏手抄本．
❷（清）秦焕．秦氏丛谭：卷之一［M］．内蒙古图书馆藏手抄本．
❸（清）秦焕．秦氏丛谭：卷之二［M］．内蒙古图书馆藏手抄本．
❹（清）秦焕．秦氏丛谭：卷之二［M］．内蒙古图书馆藏手抄本．

得并豫章无。平安上报天颜喜，此树江南只一株。”[1] 乾隆十六年（1751），乾隆帝巡幸寄畅园，“石径公孝然率兄弟子侄年六十以上者九人于园门迎”[2]。皇太后也随乾隆帝一同南巡过，也到过寄畅园，南巡之时有“皇太后至寄畅园进膳”[3] 的记载。乾隆十六年、四十五年、四十九年乾隆帝到寄畅园后都曾赏赐秦氏财物，作为对他们接驾有功的嘉奖。[4]

康、乾两帝每次南巡都到寄畅园，可见两位皇帝对该园的喜爱之情。乾隆帝：“辛未春（乾隆十六年，1751 年）南巡，喜其幽致，携图以归，肖其意于万寿山东麓，名曰惠山园。一亭一径，足谐奇趣，得景凡八。”[5] 嘉庆十六年（1811），又将惠山园重新修葺了一次，并有所改动，竣工后，改名“谐趣园”。

此后秦氏家族日趋没落，寄畅园也几次被毁。“咸丰十年（1860）乃毁于发逆，同治二年（1863）十二月，克后邑城，而祠园之存者仅屋三间，老树数株而已。”[6] 后来寄畅园又经过了数次修葺，1952 年秦氏后裔将其献给国家，寄畅园遂为国家所有，得以向游人开放。

4.2.2 寄畅园的特色

中国古典园林是我国传统艺术中比较特殊的一类，极具包容性，其中包含了中国传统的画、诗以及建筑等艺术形式。中国古典园林有悠久的历史，最早可以追溯到商周时期。早期的古典园林以皇家

---

[1] （民国）徐珂．清稗类抄：稗十一［M］．北京：商务印书馆，1917.

[2] （清）秦焕．秦氏丛谭：卷之二［M］．内蒙古图书馆藏手抄本．

[3] 清实录·高宗纯皇帝实录（六）：卷三八三［M］．北京：中华书局，1986.

[4] （清）秦焕．秦氏丛谭：卷之二［M］．内蒙古图书馆藏手抄本．

[5] （清）朱彝尊原辑，于敏中修，窦光鼐纂．钦定日下旧闻考：卷八十四［M］．清乾隆年间刻本．

[6] （清）秦焕．秦氏丛谭：卷之一［M］．内蒙古图书馆藏手抄本．

园林为主，着重于对自然风景的复制。汉朝时出现了私家园林，在此后数千年的发展过程中，中国古典园林不断受其他传统文化、艺术的影响，吸收了中国传统山水画的精髓，并在儒、释、道家思想的影响下形成了一门独具特色的艺术。中国古典园林注重意境，强调源于自然但又高于自然，追求“虽由人作，宛自天开”[1] 的境界。崇尚“天人合一”的哲学观，力图营造诗情画意的景象，极大地体现了中国传统文化中内敛、自然、古朴的特质。

明清时期是中国古典园林发展的鼎盛时期，特别是私家园林在此阶段有了空前的发展，出现了许多著名的私家园林。苏州王氏拙政园、上海潘氏豫园、海宁陈氏安澜园等许多名园都是在这一阶段建造的，现存的古典园林也大多是在这一时期建造的。在我国现存的古典园林中，寄畅园是比较有代表性的一个，是研究我国古典园林艺术的最好实例。作为我国山林类园林的典范，它在造园手法方面有许多独到之处。

（一）画龙点睛的名字

寄畅园内各景观的名字都颇有意境，并且大都有一定的来历，而不是园主或造园者凭空捏造出来的。中国古典园林力图营造一种山水画般的意境，与其相关的名称则有画龙点睛的作用。而且这些名称与景观相配合更加渲染出了景观所要表达的意境美。恰当而好听的名字可以赋予景观以文人气息，使其更具文化底蕴。来访者通过这些名字不但能了解景观力图营造的意境，而且还可以知晓园主的心境。

寄畅园这一名称也有一定的来历。寄畅园初建之时秦金为其取名“凤谷行窝”，之所以叫这样的名字，是因为秦金字凤山。秦耀于

---

[1] （明）计成．园冶：卷一［M］．北京：中国营造学社京城印书局，民国二十一年（1932）．

万历年间对凤谷行窝进行了一系列的改造与扩建，并将此园改名为“寄畅园”。“寄畅者取王内史寄畅山水阴句。”[1] 秦耀改取此名是因为自己在官场不得志，而要把自己的抑郁之情寄于山水间。

寄畅园改建之时，构园景20处，秦耀每处都作诗一首。通过这些诗，来访者更能深刻地体会到各景观所要表达的意境。其中卧云堂诗为：“白云已出岫，复此还山谷。幽人卧其间，常抱白云宿。”[2] 卧云堂之名已让人体会到白云离这里很近，似乎在这里栖息，通过这首诗更能让人觉得这里幽静、远离尘世的喧嚣。先月榭，闻其名便知其景，即使来访者不是在最佳的时机来到这里，也可领会到此景的含义。之所以称其为先月榭是因为：“斜阳坠西岭，芳榭先得月。流连玩清景，忘言坐来夕。”[3]

（二）别具匠心的选址

《园冶》中说：“园地惟山林最盛，有高有凹，有曲有深，有峻而悬，有平而坦，自成天然之趣，不烦人事之工。”[4] 寄畅园能成为我国山林类园林的典范，其选址的优势不能忽视。它直接投身于真山真水的怀抱，从一开始就取得了天然山林的境界和气质，在明清文人园林中独树一帜。得天独厚的地理优势，使它在各方面独具便利条件。寄畅园建于无锡惠山之麓，“无锡山水清淑，士大夫致政归田，家富林石其以一丘一壑因人而传”[5]，这样的名园古迹有很多。无锡本身便有很好的自然环境，而惠山更是风景秀丽，可谓造园选址的佳境。所以王稚登说：“大要兹园之胜在背山

[1] （清）秦焕．秦氏丛谭：卷之一［M］．内蒙古图书馆藏手抄本．

[2] （清）秦彬．锡山秦氏诗钞·前集：卷七［M］．道光十九年（1839）．刻本．

[3] （清）秦彬．锡山秦氏诗钞·前集：卷七［M］．道光十九年（1839）．刻本．

[4] （明）计成．园冶：卷一［M］．北京：中国营造学社京城印书局，民国二十一年（1932）．

[5] （清）王稿修，华希闵纂．无锡县志：卷十五［M］．乾隆十六年（1751）．刻本．

临流。”[1] 寄畅园前身为僧舍，秦金购得后合并改筑为园。既然是僧舍，那么选址必然是清幽雅致、风景秀丽之处。而且计成认为园林应该“萧寺可以卜邻，梵音到耳”[2]。寄畅园则“与惠山寺为邻，可以听梵音可以观香客”[3]，这是一般的园林无法比拟的。

“水”是中国古典园林的血脉，有水才能使园林“活”起来。众多园林中，“得泉之多少与取泉之工拙，园由此甲乙。秦公之园得泉多，而取泉又工，故其胜遂出诸园”[4]。所以，寄畅园成为造园的典范，“泉”的作用是不可忽视的。之所以有泉水可用，其选址的功劳自然不小。秦耀自称：“吾邑九龙二泉秀甲江左，唐宋以来名流品题不一，余家园在其下，理荒薙秽构列二十景，总名之曰寄畅。或登高舒啸，或临流赋诗，境内词人过者歌咏相属。”[5]造园者将二泉巧妙地引入园内，“二泉之流曲注层分，声若风雨，坐卧移日忽忽在万山中”[6]。泉的运用又创造了一种气势磅礴的意境，使人感觉好像在深山野岭当中一样。

“园林兴造，高台大榭，转瞬可成，乔木参天辄需时日。”[7]《园冶》中，计成认为：“新筑易乎开基，只可栽杨移竹；旧园妙于翻造，自然古木繁花。”[8] 而寄畅园在元代时已是僧舍，惠山乃是当地的风水宝地，其间又有九龙二泉，因此自然不乏参天古木。园内“古木离奇，轮囷以数百十章，长松偃盖作虬龙攫舞势”[9]，

---

[1] （清）王稿修，华希闵纂．无锡县志：卷十五［M］．乾隆十六年（1751）．刻本．

[2] （明）计成．园冶：卷一［M］．北京：中国营造学社京城印书局，民国二十一年（1932）．

[3] 许雷，黄茂如．试论寄畅园的特色［J］．无锡文博（寄畅园东南部保护修复工程专辑），1999（3）．

[4] （清）王稿修，华希闵纂．无锡县志：卷十五［M］．乾隆十六年（1751）．刻本．

[5] （清）秦彬．锡山秦氏诗钞·前集：卷七［M］．道光十九年（1839）．刻本．

[6] （清）王稿修，华希闵纂．无锡县志：卷十五［M］．乾隆十六年（1751）．刻本．

[7] （民国）童寯．江南园林志［M］．北京：中国建筑工业出版社，1984：11．

[8] （明）计成．园冶：卷一［M］．北京：中国营造学社京城印书局，民国二十一年（1932）．

[9] （清）王稿修，华希闵纂．无锡县志：卷十五［M］．乾隆十六年（1751）．刻本．

这些树木都给寄畅园增添了古朴清幽之感。

(三)锦上添花的缀景

(1)生机盎然的植物

寄畅园被认为是山林类园林的典范,其中自然不乏各种植物。园林旧址原有的古木为其增色不少,建园后种植的植物也不可或缺。园内有“数百年古木,上参层霄,下阴数亩,虽有神力必不能猝。致兹园之胜,得天者什七,成之人者什三”❶。与其他园林以花草为主相区别,寄畅园根据特殊的环境采取了以老树长藤为特点的形式。为了与周围的树木形成一体,园内种树都以乔木为主,与外界树木浑然一体。❷

另外还依据地势的不同,水边种植枫树和杨树,山丘和平地则种植四季常青的香樟和落叶松。园内树木种类繁多,不同的环境栽以不同的树木,使景观变得更加错落有致。寄畅园内有 80 余种植物,600 余株乔木和灌木。道光二十六年(1846)的《寄畅园树册》中记载园内有合抱一尺以上的树木共 206 株,包括榉、榆、檀、朴、槐、樟等 27 个树种。❸ 园内高大的古木与娇小的灌木交相呼应,视线可及的范围内绿色无处不在。“园林无花木则无生气。盖四时之景不同,欣赏游观,怡情育物,多有赖于东篱庭砌,三径盆昂,俾自春迄冬,常有不谢之花也。”❹ 寄畅园内还有大量的地方树种,也有种类繁多的花类。高大的乔木下辅以各种各样的花草,形成错落有致的视觉效果,为人工建筑增添了许多生机。

(2)超凡脱俗的理水

---

❶ (清)王稿修,华希闵纂. 无锡县志:卷十五 [M]. 乾隆十六年(1751). 刻本.

❷ 蒋文安. 寄畅园 [M]. 江苏:江苏人民出版社,1988:44.

❸ 夏泉生,李岗. 保护高于一切,重金千万修园 [J]. 无锡文博(寄畅园东南部保护修复工程专辑),1999(3).

❹ (民国)童寯. 江南园林志 [M]. 北京:中国建筑工业出版社,1984:10.

寄畅园西南角取之不竭的二泉活水，是寄畅园最杰出之处。时人认为寄畅园："其最在泉，其次石，次竹木花药果蔬，又次堂榭楼台池籞。而淙而涧而水而汇，则得泉之多而工于为泉者耶。"❶ 造园者将泉水引入园内，注入锦汇漪，终年保持清澈的活水，又比一般的园子储存一潭死水更胜一筹。❷ "小水澄泓分为细涧并涓洁可爱，大池一望浩渺。"❸ 水引入八音涧后忽左忽右，忽高忽低，并且利用水流错落有致变化无穷的特点，将单调的水声化为"金、石、丝、竹、匏、土、革、木"八种古乐的声音，创造出了造园史上绝无仅有的理水。❹ 另外寄畅园内一系列的亭台楼阁有很多也是依水而建，水赋予了它们灵气与生气，只可惜有一部分水系现在已经看不到了。

（3）与众不同的假山

说到寄畅园的假山自然要提到它的造园者。寄畅园在传到园主秦德藻时，经过了一定的改造。"云间故有张连者，善累石作层峦，传其法与从子鉽，乃使为之，又引二泉之流，曲注其中，园成而益胜。"❺

张连，字南垣，松江华亭人，著名的造园家。清朝初年造园者在垒石方面的技艺首推李笠翁和张连，二人一北一南，在造假山方面都有自己独到的见解。"张南垣则以此技闻于东南，其四子于康熙间继其业。南垣所为山，以土作冈，点缀数石，全体飞动，苍然不群。"❻ 他的假山与理水颇得江南山水的神韵，并且他与子张

---

❶ （清）王稿修，华希闵纂．无锡县志：卷十五［M］．乾隆十六年（1751）．刻本．

❷ 许雷，黄茂如．试论寄畅园的特色［J］．无锡文博（寄畅园东南部保护修复工程专辑），1999（3）．

❸ （清）王稿修，华希闵纂．无锡县志：卷十五［M］．乾隆十六年（1751）．刻本．

❹ 夏泉生，李岗．保护高于一切，重金千万修园［J］．无锡文博（寄畅园东南部保护修复工程专辑），1999（3）．

❺ （清）秦缃业．无锡金匮县志：卷十四［M］．光绪六年（1880）．

❻ （民国）童寯．江南园林志［M］．北京：中国建筑工业出版社，1984：8.

然、侄张鉽，并称清初江南造园三张。张南垣“累石作层峦浚壑，宛然天开，尽变前人成法，以自名其家，数十年来，张氏之技重天下，而无锡未之有也”[1]，秦德藻请得其侄张鉽对寄畅园进行改造，寄畅园也因此名声大噪。

张氏所造假山提倡以土代石，土石并用。因此寄畅园内假山也与其他园林中的假山不同，并不仅仅是石头的堆砌，而是有石也有土，并且以土为主，土石相间，[2] 在关键处点缀数石。与其他园林内石头堆砌成的假山相比，这里的假山与背景处的惠山融为一体，看上去与惠山没有丝毫的区别，更是达到了假山应该“有真为假，做假成真”[3] 的境界。假山上树木花草错落有致，与光秃秃的石头假山相比，又增添了许多山林野趣。更重要的是张南垣生平所创作的假山与园林如今都已荡然无存，而张鉽得其真传，寄畅园的假山又由张鉽所造，所以寄畅园内的假山有了南垣之作的神韵，因此成为了解张氏造园手法的仅存之作，所以更显得弥足珍贵。

（4）简朴素雅的建筑

中国古典园林大都以土木建筑为主体，园林内也以建筑为主线，并且它们是园林的主要景观。但是土木建筑容易腐毁，所以一旦遭到破坏就很难修复。而寄畅园则以泉石结构为主，即使它的建筑遭到破坏而整体的景观并不会受到重大的影响。[4] 只要水系在，石、山在，寄畅园的精髓便在。所以寄畅园经过多次战火的破坏，但是要修复也并不是不可能的。

---

[1] （清）王稿修，华希闵纂．无锡县志：卷十五［M］．乾隆十六年（1751）．刻本．

[2] 蒋文安．寄畅园［M］．江苏：江苏人民出版社，1988：43.

[3] （明）计成．园冶：卷三［M］．北京：中国营造学社京城印书局，民国二十一年（1932）．

[4] 蒋文安．寄畅园［M］．江苏：江苏人民出版社，1988：55.

正是因为园内的建筑只起辅助景观的作用，所以寄畅园内的建筑与其他园林内的建筑也很不一样。无锡秦氏虽为名门望族，即便“珍珠如土金如铁”，也不能像皇家园林那样极尽奢侈铺张，一家一族之财力毕竟有限，所以在造园时也就不能挥金如土，这也正与江南私家园林有限的财力、物力相一致。因此，在造园时便极力追求巧于因借，以有限的财力、物力发挥最大的作用。这一精神集中地反映在了它的建筑上。

江南园林中的建筑大都小巧精致，与北方皇家园林气势恢弘、富丽堂皇不同。因为财力物力有限，所以特别追求精细。但是如果过于追求精细难免会显得俗气，寄畅园内的建筑则是与其回归自然的主体精神相协调，追求古朴、清新、简洁，毫不矫揉造作。虽然很多原有的建筑和其他园林中的建筑一样，都不复存在了，但从幸存下来的建筑中，其建筑风格依然可见一斑。它们淡雅朴素，“不以雕梁画栋取胜，而以粉墙青瓦见长”[1]。很多建筑都是纯粹的江南民居形式，园内不雕龙画凤，也没有五彩装饰，其质朴无华与江南水乡的山清水秀配合得恰到好处。所以有人说寄畅园内的建筑好就好在它们的简朴素雅、平淡无奇上。而且作为景观的陪衬，或藏于山中，或处于一隅之中，都是点到为止，低调的奢华更加显示了其山林类园林的特色。

寄畅园作为山林类园林的典范，其在造园手法上有许多杰出之处，其许多独特的造园手法，对后世园林产生了很大的影响。乾隆帝就曾在颐和园中仿照寄畅园建造了惠山园，嘉庆帝改名为谐趣园，对我国的皇家园林也产生了一定的影响。

---

[1] 许雷，黄茂如．试论寄畅园的特色［J］．无锡文博（寄畅园东南部保护修复工程专辑），1999（3）．

4.2.3 寄畅园在中国古典园林中的地位与影响

中国古典园林可分为皇家园林、私家园林、寺观园林和山林名胜等，其中皇家、私家、寺观园林占主体地位，也是我国建园水平的代表。皇家园林中一些是帝王的离宫别院，供帝王、后妃休息、游玩之用，有的还用来处理政务，与私家园林相比，不但规模大而且金碧辉煌，无处不显示帝王气派。我国的私家园林则以江南地区最具代表，由于空间、物力等方面的限制，一般规模都不大，通常都通过园内景物的设计和布局来扩大视觉空间，尤其注重叠石理水，建筑风格淡雅朴素，与皇家园林截然不同。寄畅园就是这些私家园林中的典型代表，在我国古典园林中占有重要的地位。

第一，寄畅园是自然式园林的典型代表，造园手法极尽自然，别具一格。其他江南园林大都依宅院人工修筑而成，称其为庭院更为恰当。而寄畅园是依惠山而建，引天然泉水入园，经过巧妙的点缀与处理，景物浑然天成，“得之天者什七，成之人者什三”[1]，从而达到了天人合一的境界，可谓建造园林的最高境界。

第二，寄畅园的布局充分体现了中国古典园林特色。园林以山池为中心，山与流水相呼应，巧妙地运用借景手法，充分发挥水、石、建筑、植物的借景作用，把江南园林清新古朴、小巧精致的特点完全展现了出来。特别是对泉的运用，更是达到了极致。在中国古典私家园林中，泉水有画龙点睛的作用，“得泉之多少与取泉之工拙，园由此甲乙”。寄畅园则是“得泉多而取泉又工，故其胜遂出诸园”，泉水由惠山淙淙而出“注为清渠，日夜流不

[1] （清）秦焕．秦氏丛谭：卷之一［M］．内蒙古图书馆藏手抄本．

涸”[1]，这使寄畅园增加了不少的灵气。

第三，它是我国明清时期造园水平以及造园风格的最好实例。寄畅园在建成后的400多年中始终为秦氏所有，历史上的任何事物“成毁兴废不常，特瞬息间耳。而传之一姓以至数百年之久，此前古未有也”[2]。江南其他园林大都几易其主，风格大都有所变化，所谓“山川风月本无常主，二百年不更二姓子孙世守，莫有秦园若者”[3]。因此寄畅园是研究我国明清时期造园水平以及造园风格的最好实例。

第四，寄畅园文化内涵深厚，具有文人园林的特点。寄畅园建成后经过数百年的发展，积淀了深厚的文化内涵。秦氏在明清时期一直是科举世家，名门望族，因此有不少著名的文人墨客造访，他们或吟诗作赋或写下游记，记录自己的游览感受。明朝著名文人王稚登、屠隆都曾经游览过寄畅园，并且都写下了自己游览寄畅园的感受，都给寄畅园以很高的评价。曹雪芹的祖父曹寅作为皇帝南巡的先行特使，为保证南巡安全、顺利，在皇帝南巡之前到各处查看，也曾到过寄畅园，并且留下了“直为梁溪一系船，夜山风露共苍然。行来钟歇空园里，坐觉茶甘秋树边。池影低枝多宿鸟，月明此处却闻泉。畦丁款客浑常事，应怪深宵数笠圆”的诗句。[4]使曹氏与秦氏结下了不解之缘，同时也使该园与曹雪芹名著《红楼梦》中的大观园有了千丝万缕的联系。特别是康、乾二帝的多次幸临，使寄畅园于自然古朴之外又兼有浓重的文化色彩和神秘的氛围，这些都奠定了寄畅园在中国园林中的地位。

---

[1] （清）秦焕．秦氏丛谭：卷之一［M］．内蒙古图书馆藏手抄本．

[2] （清）秦焕．秦氏丛谭：卷之一［M］．内蒙古图书馆藏手抄本．

[3] （清）秦焕．秦氏丛谭：卷之一［M］．内蒙古图书馆藏手抄本．

[4] （清）曹寅．楝亭诗钞：卷二［M］．上海：上海古籍出版社，1978．

第五，作为私家园林的典型代表，寄畅园也对皇家园林产生了深远的影响。我国的皇家园林经过不断地继承与发展，到了清代达到鼎盛。清代皇家园林中最具代表性的是颐和园、承德避暑山庄以及现在仅剩遗址的圆明园。在这三大著名的皇家园林中都可以看到寄畅园的影子。

颐和园中的谐趣园是乾隆在1751年下江南后，令人在颐和园中仿寄畅园建造的。谐趣园保留了寄畅园的灵秀之气，是我国北方地区园林中最具江南特色的园林之一。它是颐和园的一部分，但游览于其中仿佛置身于一个独立的园林之中，因此有“园中之园”的美称。它本名惠山园，后取“以物外之静趣，谐寸田之中和”之意改名为“谐趣园”。它与寄畅园一南一北，相互辉映，成为我国古典园林中的典范。

不但颐和园中仿寄畅园建造了谐趣园，承德避暑山庄以及圆明园中都有仿寄畅园的地方。避暑山庄正宫门东侧为松鹤斋，原供太后居住，与颐和园中的谐趣园相仿，因此也一定程度上受到了寄畅园的影响。圆明园中的双鹤斋也是仿寄畅园而建的。嘉庆帝曾写诗赞双鹤斋：“结构年深仿惠山，名园寄畅境幽闲。曲蹊峭茜松尤茂，小洞崎岖石不顽。”可见，寄畅园不但在江南园林中占有重要位置，而且也影响了北方园林乃至中国园林的代表——皇家园林。因此，在我国古典园林发展史上，占有举足轻重的地位。

寄畅园的兴衰并不仅仅是一个园林的兴衰，也体现了士大夫阶层与我国园林发展的密切关系。我国古典私家园林大都是属于士大夫阶层的，古典园林作为士大夫阶层的家产，其命运与发展自然与主人的命运相联系。许多士大夫都热衷于兴建园林。他们是地主阶级，属于特权阶级，而且我国封建社会土地是可以买卖的，即使通过特权得不到土地，他们也可以买到土地。有了土地，再运用自己的财力建造园林，创造出一个人工的世外桃源，既可以享受到山林野趣，又可以享受城市生活的便利条件。同样，正是有了士大夫这一阶层，才有了我国古典园林的发展，正是有了他们才有了古典园林的发展史。虽然造园者并不是士大夫本人，但是他们是园林得以发展和保存的后盾，在他们的土地和资金的支持下，古典园林才能保存和发展。寄畅园的兴衰沉浮正是两者之间关系的真实写照。寄畅园是在秦氏开始崛起的时候建造的，此后都是在秦氏昌盛的时候才得以扩建和改造，而秦氏衰落时期寄畅园亦随之衰落。所以说士大夫阶层的命运也决定着中国古典私家园林的命运。

V. 兴衰探缘：文化表象的背后

无锡秦氏从明朝中期宣德年间（1426—1435 年）开始，其子孙不断繁衍，最终形成了一个文化世家。科举方面自秦夔以后，不断有子孙登举人或进士榜，堪称科举世家。明清之际的朝代更替没有改变其江南望族的地位，不仅在短期内恢复了原有的兴盛，而且与明朝相比也毫不逊色。清代中后期，随着社会的动荡与社会大环境的变化，无锡秦氏开始逐渐衰落。从其兴盛到逐渐衰落，大约经历了 400 余年的时间。一个封建家族能维持 400 余年，先后两个朝代，这本身就是值得研究的问题。其兴也有缘，其衰也有因，兴与衰是内外部因素相互作用的结果。

5.1 兴衰始末

无锡秦氏的兴盛首先表现在科举方面，科举制度成就了秦氏的兴盛。在锡常这个人才济济的地区，无锡秦氏的科举成就也首屈一指。自科名之始到科举制度名存实亡，秦氏在科举中人才辈出（明清时期无锡秦氏科举登榜者如表5－1、表5－2所示）。

表5－1　无锡秦氏中进士榜（明清）❶

朝代	在位皇帝	时间	考中者	人数	合计
明	英宗	天顺四年	夔	1	1
	孝宗	弘治六年	金	1	1
	世宗	嘉靖二十六年	梁	1	2
		嘉靖三十二年	禾	1	
	穆宗	隆庆五年	耀	1	1
	神宗	万历四十一年	延烝	1	1
	熹宗	天启二年	堈	1	1
	壮烈帝	崇祯十年	镛	1	2
		崇祯十六年	汧	1	
清	顺治	顺治十二年	鉽、松龄	2	3
		顺治十八年	广之（未殿试）	1	
	康熙	康熙三年	钜伦	1	6
		康熙十八年	广之	1	
		康熙三十九年	学洙	1	
		康熙四十二年	源宽	1	
		康熙四十八年	道然	1	
		康熙五十一年	靖然	1	

❶ 资料来源：（清）秦缃业．无锡金匮县志：卷十六［M］．光绪六年（1880）．

续表

朝代	在位皇帝	时间	考中者	人数	合计
清	雍正	雍正二年	伯龙	1	3
		雍正五年	甸	1	
		雍正十一年	莘田	1	
	乾隆	乾隆元年	蕙田	1	10
		乾隆二年	雄褒	1	
		乾隆四年	勇均	1	
		乾隆七年	大吕	1	
		乾隆十年	鐄	1	
		乾隆十三年	朝釪	1	
		乾隆十九年	雄飞、泰钧	2	
		乾隆三十一年	潮	1	
		乾隆三十四年	泉	1	
	道光	道光三年	大治	1	2
		道光二十年	金鑑	1	
	咸丰	咸丰六年	赓彤	1	1

表 5-2　无锡秦氏中举人榜（明清）❶

朝代	在位皇帝	时间	考中者	人数	合计
明	英宗	天顺三年	孚、夔	2	2
	宪宗	成化二十二年	伟、金	2	2
	孝宗	弘治五年	镃	1	3
		弘治二十二年	铨、镗	2	
	武宗	正德十四年	泮	1	1
	世宗	嘉靖十九年	禾、涵	2	4
		嘉靖二十二	梁	1	
		嘉靖四十三	耀	1	

❶ 资料来源：（清）秦缃业．无锡金匮县志：卷十六［M］．光绪六年（1880）．

续表

朝代	在位皇帝	时间	考中者	人数	合计
明	神宗	万历二十五年	延烝	1	4
		万历二十八年	重泰、延焘	2	
		万历四十三年	埛	1	
	壮烈帝	崇祯三年	世铨、镛	2	6
		崇祯九年	镳	1	
		崇祯十二年	汧、钦翼、季鏻	3	
清	顺治	顺治五年	鉽	1	3
		顺治十一年	松龄	1	
		顺治十四年	广之	1	
	康熙	康熙二年	宏、钜伦	2	12
		康熙三十二年	巽权	1	
		康熙三十八年	学洙、源宽、树绩	3	
		康熙四十四年	道然、芝田	2	
		康熙五十年	靖然、之鸿	2	
		康熙五十二年	朱干	1	
		康熙五十九年	伯龙	1	
	雍正	雍正二年	勇均	1	7
		雍正四年	甸、莘田、大吕	3	
		雍正七年	琦	1	
		雍正十年	云会	1	
		雍正十三年	蕙田	1	
	乾隆	乾隆元年	雄褒	1	18
		乾隆三年	凤翼	1	
		乾隆六年	鐄、铢	2	
		乾隆十三年	朝釪、鏶	2	
		乾隆十五年	龙鼎、泰钧	2	
		乾隆十七年	景焘	1	
		乾隆十八年	雄飞	1	

续表

朝代	在位皇帝	时间	考中者	人数	合计
清	乾隆	乾隆三十年	泉	1	18
		乾隆三十九年	瀛	1	
		乾隆四十五年	鸿升、锡畴、濂、鸿甲	4	
		乾隆四十八年	湘	1	
		乾隆五十四年	雄涛	1	
	嘉庆	嘉庆三年	大光	1	6
		嘉庆九年	大雯、凤梁、琦（更名琳）	3	
		嘉庆十二年	大治	1	
		嘉庆二十一年	润	1	
	道光	道光元年	国楠	1	6
		道光二年	夔、文彪	2	
		道光十二年	炳章	1	
		道光二十年	炳文	1	
		道光二十三年	丽昌（即赓彤）	1	
	咸丰	咸丰八年	臻	1	1
	同治	同治六年	焕尧	1	1
	光绪	光绪二年	谦培	1	1

从表5－1、表5－2中可以看出，无锡秦氏科举考中人数在清代要比明代多出很多。明代中进士者共有9人，而在清代仅乾隆一朝就有10人。有清一代，康乾时期人数最多，其他时代稍显逊色。乾隆年间“宗人子姓不特岁科两案入泮者多，而乡会两榜鲜脱科者”❶。这正表现了无锡秦氏的兴盛期。虽然明代秦氏已初露头角，

❶（民国）秦毓钧．锡山秦氏文钞：卷之九［M］．咏烈堂印行，民国十九年（1930）．

但毕竟根基浅薄。经过有明一代大发展，清代秦氏在原有的基础上得以进一步发展与壮大。所以说秦氏："发祥于明方伯（秦夔）、端敏（秦金）、中丞（秦耀）三公，大昌于清顺、康、雍、乾、嘉五朝。"❶

秦氏自明朝中叶至清乾嘉时期"服官中外者一时恒有数十人，而应春秋二试亦如之，榜发必有掇巍科登上第者"。"出为名臣，入为循吏，处为文学、为醇儒、为孝子悌弟又历历可数，吁亦盛矣。"❷ 其中又有秦鉽、秦蕙田两人考中探花，并且都担任了重要的官职。而在为官者之中，属秦金与秦蕙田最有政绩，《明史》与《清史稿》中都有他们的传记，成为当时颇有政绩的名宦。

秦氏之所以被称为文化世家，一方面是因为科举方面的成就，另一方面还因秦氏是"以诗书世其业，阀阅相承"❸。"数百年来，不惟科名鼎盛，而理学忠节，勋业文章，先后辉映。"❹ 秦瀛在第七次修宗谱的序中便说："盖吾秦氏之在无锡众推巨族，不独以科名相夸耀，亦以孝弟忠信，廉敬家法相承，绵延以永于弗替。"❺ 秦氏特别重视孝友传家的传统与修身养性的家法，也遵循了先儒所讲"修身、齐家、治国、平天下"的信条。秦氏明清两代"先后四百余年，济美多才，文采焕发，光宗华国，不以缙绅门第为重者"❻。有些子孙"虽科第不显，而皆有声于时"❼。科举之外，很多子孙都有著述存世，"沿历数朝，作者百数十人，具有道德功业。文章之盛远者勿论，即有清一代，如留仙（秦松

❶ （民国）秦敦世．无锡大浮老人诗文钞：卷一．无锡秦氏［M］．民国间．铅印本．
❷ （民国）秦毓钧．锡山秦氏文钞：卷之九［M］．咏烈堂印行，民国十九年（1930）．
❸ （民国）秦毓钧．锡山秦氏文钞：卷之七［M］．咏烈堂印行，民国十九年（1930）．
❹ （清）秦尧曦，秦赓彤．锡山秦氏宗谱·序［M］．同治十二年（1873）．木活字本．
❺ （民国）秦毓钧．锡山秦氏文钞：卷之七［M］．咏烈堂印行，民国十九年（1930）．
❻ （民国）秦毓钧．锡山秦氏文钞·序［M］．咏烈堂印行，民国十九年（1930）．
❼ （民国）秦毓钧．锡山秦氏文钞：卷之三［M］．咏烈堂印行，民国十九年（1930）．

龄）、味经（秦蕙田）、小岘（秦瀛）、澹如（秦缃业）诸先生，皆众推为儒宗经师、名宦循吏，且于文号专家，煌煌名作，固已模楷当世”❶。而儒林则要首推秦镛，其对秦氏后辈产生了很大影响，很多子弟都曾师从于他，并且多数都取得了一定的成绩。

在无锡秦氏这样一个文化世家中，不仅文榜有名，武榜也不乏其人。400余年间秦氏武科出了5位举人，1位进士。正是因为秦氏在各方面都有所发展，所以其不断得以发展壮大。“河上秦氏栋厦运连，鳞居栉比，跨师古河两岸皆秦宅也。”❷ 由此，秦氏的兴盛就可见一斑。

秦氏盛于明清两代，“而有清一代，衣冠文物之盛，尤彪炳于海内，与国运相始终”❸。清朝后期秦氏开始衰落，因为社会动荡不安，其原有富丽堂皇的宅第也因战火而荡为废墟。“村镇既成瓦砾之场，而城邑宅第未被灰烬者，半皆荆榛丛莽。”❹ 在动荡的环境下，秦氏子孙“荐经丧乱，死亡颠沛之余，饥寒日迫。舍本逐末，惟利是趋，读书稽古之士百无一二”❺。“父兄之贫者十之八九，其力不足以逆师而教其子弟。遂至玩愒时日，而诗书之教微，礼让之俗减也。”❻ 族内风俗日益变坏，“子孙爱利忘义，人苟贫乏，即应嗣之人亦不肯嗣。房长懦弱辙听之不敢置喙”❼。族人感叹说：“不读书则不能明理，不明理则孝弟忠信、礼义廉耻之道皆阙焉。”❽ 这有其自身原因，也有客观原因。“庚申（1860）、辛酉

❶（民国）秦毓钧．锡山秦氏文钞·序［M］．咏烈堂印行，民国十九年（1930）．
❷（民国）秦毓钧．锡山秦氏文钞：卷之九［M］．咏烈堂印行，民国十九年（1930）．
❸（民国）秦毓钧．锡山秦氏文钞·序［M］．咏烈堂印行，民国十九年（1930）．
❹（民国）秦毓钧．锡山秦氏文钞：卷之九［M］．咏烈堂印行，民国十九年（1930）．
❺（民国）秦毓钧．锡山秦氏文钞：卷之九［M］．咏烈堂印行，民国十九年（1930）．
❻（民国）秦毓钧．锡山秦氏文钞：卷之七［M］．咏烈堂印行，民国十九年（1930）．
❼（清）秦尧曦，秦赓彤．锡山秦氏宗谱：卷之首·凡例［M］．同治十二年（1873）．木活字本．
❽（清）秦尧曦，秦赓彤．锡山秦氏宗谱·序［M］．同治十二年（1873）．木活字本．

（1861）以来，兵火洊经，流亡过半。其存者大抵困苦颠连，求死不暇。”[1] 所以读书者日益变少，参加科举考试的也很少。“其赴童子试者，且不如曩时会试之多，而名列贤书者已寥寥无几。”[2]

5.2 盛衰有因

综观无锡秦氏的盛与衰，与其他封建家族一样，不外乎与科举、宗祠、宗谱、族田四方面因素有关。科举属于外部因素，是影响一个封建家族命运的政治因素。其他三方面属于内部因素，是由其自身条件决定的。在同一封建政权下，有的家族昙花一现，有的却长盛不衰，内部因素所起的作用不容忽视。在这些因素中，科举是政治保障，是社会大环境，是一个封建家族可以长盛不衰的重要保障；宗祠、宗谱属于血缘纽带，通过这一纽带，使血缘关系日益疏远的后世子孙团结在一起，使血缘关系有据可寻；族田则是一个封建家族存在的经济基础，这一基础决定了族长在家族中有至高无上的权利，甚至有生杀予夺的大权。任何一个小家庭必须处在族长的管辖内，如果脱离了他的管辖，也就是脱离了这个家族，便得不到由族田而来的救济。另外，家训、家规是其兴盛的精神支柱，它们不但是秦氏子孙的行为准则，也是奋斗目标。封建社会中多数封建家族都通过科举考试依附于皇权，科举是封建家族兴盛的重要途径。但在同样的科举制度下有的家族却骤然而起，匆匆而衰，昆山徐氏正是这一类型家族的典型代表。无锡秦氏则与之不同，前后两个朝代兴盛了400多年。所以封建家族的兴盛除了科举这一主因外，血缘、经济及精神因素都是不可或缺的。

---

[1] （民国）秦毓钧．锡山秦氏文钞：卷之九［M］．咏烈堂印行，民国十九年（1930）．

[2] （清）秦尧曦，秦赓彤．锡山秦氏宗谱・序［M］．同治十二年（1873）．木活字本．

5.2.1 政治保障

无锡秦氏的兴盛与衰落有着深刻的社会根源。其真正兴盛是从秦夔、秦金的科举入仕开始的。自他们登科之后，科举入仕在秦氏家族中蔚然成风，成为众多秦氏子孙的奋斗目标。如果没有他们的科举入仕，无锡秦氏要成为一个名副其实的文化世家就还需要一定的时日。其后，秦氏又屡有子孙科举中第，众多秦氏子孙科举中榜，不但显示了秦氏的兴盛，也奠定了秦氏作为江南文化世家的基础。虽然秦氏子孙自称其家族成为世家望族不仅仅以科名取胜，在其他方面也堪称世家望族，但是科举的重要作用是不容置疑的。

秦夔、秦金之后，秦氏逐渐成为官宦之家，无论其兴盛还是巩固，都要看其科举方面的成就。无锡秦氏在明代的兴盛以及清代的重振，科举都发挥了至关重要的作用。清代康雍之际，无锡秦氏因为宫廷斗争而受到牵连，秦道然因此而入狱，家产也被充公，秦氏遭到了沉重的打击。但是由于秦氏只是浅层次的卷入，并没有直接挑战皇权，故在对秦氏进行处罚时，雍正帝只是没收其财产，判秦道然入狱，后又将其圈禁，并没有剥夺其后代及族人科举入仕的权利。后来，秦蕙田在乾隆元年考中探花，使秦道然获释，秦氏也走出了低谷，步入了更辉煌的时期。但是，如果当时秦氏子孙的科举权力受到限制或被剥夺，那么秦氏就有可能遭到灭门之灾，将会永无翻身之日。乾隆年间秦氏达到鼎盛时期，也是秦氏科举成就最佳的时期。嘉庆末年秦氏开始衰落，参加科举者寥寥无几，考中者更是少之又少。秦氏往日的兴盛一去不复返。对于秦氏家族来说，成也科举，衰也科举。科举考试造就了无锡秦氏，科举废止亦殃及到了无锡秦氏，所以，秦氏的命运离不开科举的兴废。

通过无锡秦氏的兴衰沉浮可见，封建社会中封建家族只要不犯上作乱，在不危及皇权地位的情况下，不遭到致命的打击，在科举制度下就有重振的机会。即使因故受到一定的打击，只要后世子孙继续致力于科举考试，整个家族就有复兴的希望。子孙一旦在科举中获得一定的功名，重振家声便指日可待，秦惠田使秦氏中兴就是很好的一例。

5.2.2 血缘纽带

任何一个封建家族都必须以血缘为其存在的前提。它是封建家族存在必不可少的条件，如果缺少了它，也就不能称为封建家族了。对于文化世家，更是如此，其血缘纽带体现在宗祠、宗谱两方面。

（一）宗祠

封建家族要想维持下去，必须要有凝聚力，而这一凝聚力则来自于尊祖、敬宗。祖先的力量将整个家族团结在一起，成为一个整体。若干个小家庭以共同的祖先为纽带组成一个家族，这个家族与小家庭相比自然有更强的生命力。所以祖先是一个家族存在的基础，是族人凝聚在一起的纽带。族人带着对祖先的敬仰以及同宗同族的关系而聚集到一起，并且听从族长的号令。尊祖敬宗也使家族内的剥削蒙上了一层温情脉脉的面纱，掩饰了族内阶级剥削的本质。无锡秦氏得以维持400余年，尊祖敬宗的传统发挥了至关重要的作用。

尊祖敬宗主要通过两个方面来体现，一是宗祠，另外一个则是修祖墓。通过这两方面达到祭祀祖先的目的，使后世子孙在精神上凝聚在一起。乾隆初年秦氏在收回族产后，由秦蕙田倡导，于乾隆十一年（1746）将寄畅园内的嘉树堂改为宗祠，名为“双孝祠”。由于寄畅园是由秦瑞熙出资修葺，宗祠又需要有专人管理，所以此后“一切基地官粮、房屋墙垣、山地花木，均归五辑弟（秦瑞熙）一人掌管”❶。宗祠的维护与管理都有严格的制度。“春秋两祭，俱本房子孙敬谨轮值，不得怠玩。”祠内墙垣屋宇必须按年修葺，因修葺费用繁多，所以倡导族人捐出田租，保守先祠。春秋两祭并不是所有人都能参与，“每房轮议三人诣祠以礼，不得纷杂。”祭祀之后，用餐要“以四桌为率，务须少长有礼，衣冠整当，毋得喧哗”❷。族中子姓都应齐心协力保护先祠，入祠祭祀者要念祖德、思先人，将秦氏家族的事业发扬光大。

祭祀祖先时有严格的纪律与要求。秦瀛年幼时，“随其父朔望瞻谒祖祠，子弟望见即趋面前，肃然供侍，否则面叱之”❸。每月有一次正式的祭祀，“凡月之者，少长咸会于先祠”。拜谒完毕，族人按年龄大小而坐。“命一人庭诵古训。诵已，长且贤者绎其义而讽导之。”凡参与者都要将其名字记录在案。下月再次祭祀时都要互相检举，“其行有孝弟忠信者，俾卑且幼者，旅拜之，而著于其名下。有悖戾之行者，命遍拜群坐之尊者，以愧之，而亦著于其名下”❹。一个月后能改者则不再追究，否则再次祭祀时只许站立而不许坐下。一年都不知悔改者则“斥勿齿”。而最终的目的依然是要增加本族的凝聚力，使“同姓之人，疾相抚，患相拯，贫相赒，死相葬，老弱癃残者相养，祭酺相召，婚嫁丧灾相助”❺。

❶（清）秦焕．秦氏丛谭：卷之二［M］．内蒙古图书馆藏手抄本．
❷（清）秦焕．秦氏丛谭：卷之二［M］．内蒙古图书馆藏手抄本．
❸（民国）秦毓钧．锡山秦氏文钞：卷之七［M］．咏烈堂印行，民国十九年（1930）．
❹（清）秦焕．秦氏丛谭：卷之二［M］．内蒙古图书馆藏手抄本．
❺（清）秦焕．秦氏丛谭：卷之二［M］．内蒙古图书馆藏手抄本．

（二）宗谱

尊祖敬宗可以通过宗祠、祖墓来体现，通过祭祀来实现，使这一思想在精神上产生凝聚作用。但是，后世子孙血缘关系越来越远，现实中维持同宗则需要宗谱的作用。一个家族从同一个祖先开始，“夫自一人而分至什百千万人，由什百千万人而追本于一人，为之叙其尊卑，合其宴飨，恤其丧灾，维其礼让，熏涵渐渍而风俗成，本支同宗法之所系大矣”[1]。宗谱使后世子孙的关系有据可循，有宗谱在，则同宗的家族意义会更强烈。它是维持家族关系的规则与凭证。宗谱起到了强化、巩固尊祖敬宗意识的作用。对于统治者来说，确立宗谱而使族人得以“笃亲亲，正伦理，而奠天下于磐石之安也”[2]。

无锡秦氏十分注重修订宗谱，族人认为“三十年为一世，人生由少而壮、而老，大抵阅三十年”。所以族谱应该30年修一次，“如未三十年，则为时太近，或将苦于冗费。过三十年而不修，则为时太远，或多至于遗忘”。之所以修谱，目的是将期间族人的“字号、官爵、子姓、婚配、生卒年月、茔墓，应改者改之，应增者增之，应收者收之，应别者别之”[3]。除了能缅怀先祖外，对世袭分支也有所整理，使族内支系清楚明了，不但有利于尊祖敬宗，而且也有利于在世子孙的管理。通过族谱的修订，也能使秦氏子孙明确自己的世家大族地位，以身处大族为荣，增强家族的自豪感。

无锡秦氏宗谱以秦惟桢为第一世，其后世分为若干分支。秦惟桢第四代子孙秦樸曾经试图纂修家谱，但是最终未能实施。其

---

[1] （清）秦焕．秦氏丛谭：卷之二［M］．内蒙古图书馆藏手抄本．
[2] （清）秦焕．秦氏丛谭：卷之二［M］．内蒙古图书馆藏手抄本．
[3] （清）秦焕．秦氏丛谭：卷之二［M］．内蒙古图书馆藏手抄本．

后代继承他的遗志，力争实现前人心愿，但直到第七代时才有了无锡秦氏家谱。秦金、秦镗、秦锐共同促成此事，从此，秦氏开始有谱可循。宗谱初编时为嘉靖七年（1528），此后修谱都尽量以30年为断。❶

表5-3 无锡秦氏修谱源流表❷

次数	年代	间隔	次数	年代	间隔
一	嘉靖七年（1528）		五	乾隆十一年（1746）	32年
二	万历四十四年（1616）	88年	六	乾隆四十九年（1784）	38年
三	顺治十七年（1660）	44年	七	嘉庆二十四年（1819）	35年
四	康熙五十三年（1714）	54年	八	同治十二年（1873）	54年

从秦金等初编宗谱开始，直到秦氏衰落，秦氏子孙都尽量及时重修家谱。但因为财力、物力及其他方面的原因，有时修谱并未以30年为断，第二次修谱就与第一次间隔了88年。但是，秦氏之所以成为东南望族，而且历时明清两代400余年的时间，其子孙不断续修宗谱对家族的维持也起到了重要的作用。续修宗谱需要在整理前谱的基础上对后世世系的发展有充分的了解，只有这样宗谱才能准确无误。而且从资料整理到纂写、再到排版印刷都需要一定的人力、财力。在续修宗谱时，秦氏子孙显示了其家族互帮互助的家风，有能力者或是出资或是捐田，并且由某一位或几位牵头，带领族人完成续修宗谱的工作。宗谱的作用就在于"谱系者，宗法之一也。去古既远，胙土受氏之别子不可考。而庶姓之崛起为大夫者又不立宗，宗不立，故收宗之法废，往往相视如途。人分不足以相统，恩不足以相固，谊不足以相连，亲睦之意微矣。

❶（清）秦焕．秦氏丛谭：卷之二［M］．内蒙古图书馆藏手抄本．

❷（清）秦焕．秦氏丛谭：卷之二［M］．内蒙古图书馆藏手抄本．

其名教右族尚有历数百年而不替者，或其祖宗盛德余善有以基之，家法之防范稍得以维持其变，而族谱之书遂迄于今而不坠”[1]。

5.2.3 经济基础

封建社会中，士大夫阶级通过科举入仕进入统治集团，从而形成了许多科举家族。士大夫阶层科举入仕必须有一定的经济基础，只有有了强有力的经济保障，才能使希望入仕者可以十几年甚至几十年寒窗苦读不必为生活来源而担忧。封建社会中最有力的经济基础就是土地。除了家族中各个小家庭自己拥有的土地之外，作为一个封建家族必须有自己的族田。这些族田的收入被用来修祖墓、宗祠，建家塾，救济、扶助同族中的贫穷者。修谱、修宗祠、修祖墓之类的事情不能光靠族人的自觉捐助来维持，必须有专项资金，族人的捐助只能起到辅助作用。同时，家族其他的公共事业也都需要族田在经济方面的支持。所以，族田是家族得以维持的经济基础。同时，族田也是族中富者剥削贫者和族长行使权力的经济基础。与社会大环境中经济基础决定上层建筑一样，封建家族内通过族田这一经济基础实现阶级剥削。

秦氏族田大致分为祭田、义田、赡族田等，都是子孙捐赠而来的。义田与赡族田是用来帮助族中贫困者或建家塾的。秦氏置义田始于秦蕙田的倡议，他说：“昔宋范文正（范仲淹）置义田以赡族，至今赖之。近世如漳浦李氏、彭城李氏、吾乡华氏亦有踵而行之者。”而秦氏自元朝以来400多年“祖宗之勋德文章赫然著于史册。今子姓日繁，科名相望”都应感谢祖宗的遗泽。[2]所以后世子孙必须要立宗收族。要想维持兴盛的局面必须使子孙

---

[1] （清）秦焕．秦氏丛谭：卷之二［M］．内蒙古图书馆藏手抄本．

[2] （清）秦焕．秦氏丛谭：卷之二［M］．内蒙古图书馆藏手抄本．

廉节礼让，要行廉节礼让必须先“敦睦赒卹之谊，笃举其事者厚其资，公产之所入，实赖宗子族望之名分整齐而约束之，然后可以久存而不敝”[1]。秦蕙田首倡建义田，但是还没有来得及实施便去世了。

义田真正的实施始自秦震钧。震钧以守城功升迁之后，其父春田训其曰：“尔其勿忘吾赡族之志。”两年之后，“震钧节俸千金，邮归作置田费”[2]。蕙田之子泰钧“亦捐田百亩以成文恭公（秦蕙田）之志”[3]。其他族人也纷纷响应，慷慨解囊。捐田者要记录在册，另立税户，捐银者也要有明确的记录。[4] 在秦氏昌盛之初，其先人“列第而居，家都富厚，有鳏寡孤独、废疾侍养者，由亲及疏以次收恤，力足以仁其族，而古宗法之意即行乎其间”。随着子孙的繁衍，分支越来越多，问题也就日益突出，“生齿日众，恒产瓜分，昔之有余者且日行其不足，又乌得以及人前者”[5]。然而一个家族要想维持下去，如果不对穷困者给予必要的救助，那么这个家族必然会分崩离析，而秦氏所置义田、赡族田就是起到了这样的作用。

这些义田与赡族田也是族长的权利基础。我国封建社会是以家庭为生产单位的自然经济社会，家庭作为独立的生产单位，具有很大的脆弱性，随时都有可能因自然灾害或社会原因而破产。如果这样的家庭处于一个封建大家族内，那么它就有可能得到相应的救助，而不至于流离失所。家族内这一救助的资金来源于义田与赡族田的收入，资金的支配权则属于族长。因此，作为一个

---

[1] （清）秦焕．秦氏丛谭：卷之二［M］．内蒙古图书馆藏手抄本．
[2] （民国）秦毓钧．锡山秦氏文钞：卷之六［M］．咏烈堂印行，民国十九年（1930）．
[3] （清）秦焕．秦氏丛谭：卷之二［M］．内蒙古图书馆藏手抄本．
[4] （民国）秦毓钧．锡山秦氏文钞：卷之六［M］．咏烈堂印行，民国十九年（1930）．
[5] （民国）秦毓钧．锡山秦氏文钞：卷之六［M］．咏烈堂印行，民国十九年（1930）．

家族中的“领袖”式人物，族长在族内拥有至高无上的权力。这一权力也成为家族内阶级剥削的权力基础，富者往往以此来剥削贫者，致使家族内也出现了阶级分化。

族田当中最重要的而且最多的要属祭田。祭田是族产当中最重要的产业，置祭田也是保存家族实力的最好办法。秦道然时期因其入狱族产被没收，祭田却因其特殊的意义得以保存下来。也正是因为祭田的存在，才保存了秦氏的实力，使其在复兴以前得以维持下去。祭田也与赡族田一样，主要来源于族人的捐赠。自端敏公（秦金）创谱伊始，秦氏就有祭田并且有详细的记载。记于其所创的宗谱内名为《人城》。但是，由于“久而遗失，不肖无耻者，以无考据遂盗卖茔地。以至寸土罔存，肆言不讳”❶。十五世孙秦云锦将散失的资料整理起来，刻成《先城集补》一书，使祭田管理得以规范化。

秦氏祭田有严格的管理制度，不但数量、地址有详细的记录，而且保墓条规、承管者、家法都有严格的规定。秦金于“嘉靖年置春秋祭田六十亩”❷，但到乾隆六十年（1795 年）仅存 30 亩了。尽管秦氏祭田规定了相当严格的管理措施，但由于人为或自然原因，祭田也在不断减少。于是，后世子孙不断新增祭田。乾隆年间云锦就曾“以端敏公所遗春祭久废，议诸宗人雄飞、朝釪、泰钧、震钧、鼎云等，咸曰：‘补之’。因同捐资置祭田”❸。其子孙如此重视祭田是因为他们认为“祖宗虽远至数百年，而子孙未绝者即其气犹存，其灵犹在。岂可云：‘高曾以上即推而远之乎？’”❹ 所

❶（清）秦云锦．先城集补·跋志［M］．乾隆六十年（1795）．刻本．
❷（清）秦云锦．先城集补·先城租数细号［M］．乾隆六十年（1795）．刻本．
❸（清）秦云锦．先城集补·租数细号［M］．乾隆六十年（1795）．刻本．
❹（清）秦云锦．先城集补·保墓条规［M］．乾隆六十年（1795）．刻本．

以“为子孙者首以养德为保墓之本”❶。而要想保住这些土地，秦氏子孙必须读书，“子孙认真读书，大可立名立行，小可保身保家”❷。所以要求：“各房兄弟子侄当努力读书，教诲尔子，以继先业，庶可为祖宗保全遗土，不然难矣。”❸

无锡秦氏的祭田管理不但其数量、地址有详细的记录，而且保墓条规、承管者、家法等都有严格的规定。

①关于租数细号、田粮的记载有明确的规定。“凡遇推收之年，一切坟粮祭田，子孙亲自赴局，问明区书粮书，逐一对清细号、细数，当面注册，收入本图、本甲、本户，不可些微遗漏错误。”❹ 如果子孙不依此实行，就要追究其责任。

②有关祭田的承管人。秦氏祭田有的由一两个人专门负责管理，如云锦等人于乾隆年间所置祭田就由“见川公裔玉兴，次山公裔宏钧，并入淮海祠春祭同管”❺。而坐落于钱桥社巷的中宪福宁公（秦仁）所置祭田是由“三房、九房、十一房、十二房子孙轮值，西关一支各祖墓春秋两祭”❻。这种承管人就是由一个分支中的几房来负责。按照这样的方式，“坟墓祭田总归一户轮值，不得以房数繁多，分作零星碎户，各自办粮。”之所以这样规定，是因为倘若分户管理，“即无统辖，必至盗墓、盗葬，其弊百出”。所以如果谁触犯了这条规定，就将受到严厉的惩罚，将以灭祖论。而且“各房长及卑幼悉听究问清理”❼。

③有关坟墓的修葺与管理。秦氏子孙必须“五年赴墓查树验

❶ （清）秦云锦．先城集补·保墓条规［M］．乾隆六十年（1795）．刻本．
❷ （清）秦云锦．先城集补·保墓条规［M］．乾隆六十年（1795）．刻本．
❸ （清）秦云锦．先城集补·保墓条规［M］．乾隆六十年（1795）．刻本．
❹ （清）秦云锦．先城集补·保墓条规［M］．乾隆六十年（1795）．刻本．
❺ （清）秦云锦．先城集补·租数细号［M］．乾隆六十年（1795）．刻本．
❻ （清）秦云锦．先城集补·租数细号［M］．乾隆六十年（1795）．刻本．
❼ （清）秦云锦．先城集补·保墓条规［M］．乾隆六十年（1795）．刻本．

界，司墓者邀同名子孙到墓，细心查验，怠缓粗疏者，房长究治”。对于坟墓内的树木也相当重视，因为其大关风水。所以，子孙应“数计若干棵，开明书单，交与坟佃、地总承管，子孙五年一数”❶。如果不奉行者，也要由房长究治。修墓与修谱一样，都有一定的年限，子孙不应逾越此期限。“五年一小修，十年一大修。”❷ 每处祭田所收田租都留下柴松钱，即为修墓而准备的。柴松钱必须专款专用，不得分收。因为如果将其分散，“即坟粮分散之根，坟粮分散即墓地分散之根。至墓地一分，各办粮即以祖坟为私产，盗卖盗葬，祖宗骸骨不可保矣”。所以如果谁敢挪用柴松钱，则以“灭祖论，通族殛之，除名宗谱，斥革祖祠”。子孙也应防备他人破坏祭田。祭田墓地以石碑为圮，而有“地棍串通谋地，先将碑记移去，便无可考。其石重难移者，磨去字句，使无可读”。所以秦氏子孙当“加意保碑，年年察看，字迹模糊即须另易”❸。

④对盗卖祭田者的处罚。保护祖墓就是尊祖敬宗，而祭田又为保墓之根本。“盖凡坟墓遗失，其祸根有二，皆始终祭田之不保。”如果没有了祭田，“则祭费无出，子孙不扫墓矣”❹。所以如果有谁私自倒卖祭田，就会受到严厉的处罚。“卖祭田者碎尸万段，莫赎其辜。”如果有“觊觎祭产或移丘换叚者，以灭祖论。通族殛之，除名宗谱，斥革祖祠。然后解官，法处”。承管者必须按收租立册，如果“祖宗坟墓不自完粮，山柴抵办不立笔据”，则“日久祖坟变为坟佃私地，任其葬卖”❺。所以这样的子孙必须对其神前誓诫。

⑤对祭扫的规定。“祭扫春不得过三月望日，秋不得过九月望

❶ （清）秦云锦．先城集补·保墓条规［M］．乾隆六十年（1795）．刻本．
❷ （清）秦云锦．先城集补·保墓条规［M］．乾隆六十年（1795）．刻本．
❸ （清）秦云锦．先城集补·保墓条规［M］．乾隆六十年（1795）．刻本．
❹ （清）秦云锦．先城集补·保墓条规［M］．乾隆六十年（1795）．刻本．
❺ （清）秦云锦．先城集补·保墓条规［M］．乾隆六十年（1795）．刻本．

日。”长幼子孙一同参加。“凡遇祖宗功事，切不可你推我诿。贫贱无力，量力而行。富贵则当思祖宗厚我，置我于富贵者，有借于我耳。”❶ 有钱出钱，有力出力。

⑥祭田钱财的收取与支用。祭田收租后，可将租钱借与他人，取息以为祭祖所用。为了确保此项事宜，对放借也有严格的规定。冬至前三日收，后三日放。放借数额不得超过五两，而且必须以清粮文书为准。应当有详细的记载：“每年放本若干，收利若干，借主姓名、住居、借数、抵押，开明造册、造城。”❷ 如果族内有人借钱，也要利息照典。如祭田数目有所变化，那么每年田数活卖者收赎若干，置得若干，限于十二月底造册送城，价目、字号、千号数目、今粮、活绝、坐落、佃居、卖主，细开明，不得蒙混。有关祭祀费用也不能随意支取，“各祖有事，准其支用。”“逢修葺查验之年，及有事故，司事子孙具领单支取”。事毕，要“开明用账，存入义庄”。如果不依此奉行，“修葺事故，不开明用账，及存私混开者，房族长押入宗祠，罚跪责究，罚银惩儆”。这些钱财只能用于修葺查验，除此开销外，“每年盈余存贮义庄，子孙不得觊觎，义庄不得侵用”❸。只允许义庄每年扣除笔墨纸簿、催讨费一千文。

5.2.4 精神支柱

无锡秦氏的兴盛固然离不开政治因素、经济因素及其紧密的血缘关系，但是其精神因素也不可或缺。其特有的家训、家规等作为秦氏的优良传统不但巩固了政治、经济、血缘等因素，而且作为精神支柱对无锡秦氏的兴盛也起了至关重要的作用。

---

❶ （清）秦云锦．先城集补·保墓条规［M］．乾隆六十年（1795）．刻本．
❷ （清）秦云锦．先城集补·保墓条规［M］．乾隆六十年（1795）．刻本．
❸ （清）秦云锦．先城集补·保墓条规［M］．乾隆六十年（1795）．刻本．

（一）家训

秦氏自始祖秦观开始就十分重视对子孙训导，不但训诫其怎样读书，也训导其怎样做事、做人。祖先的训导成了秦氏子孙行为准则，指引了秦氏子孙的人生方向与目标，使秦氏具有非凡的生命力与活力。

秦氏先祖对子孙的训诫，主要是继承儒家思想，无非是修身、齐家、治国、平天下，教其子孙修德立身，忧国忧民，治国平天下。“天任命，人任力。君子之道源于天，而相之以人，安于命而辅之以力。故进德修业，以自强不息。”无论怎样，读书都是至关重要的。“保身保家不外安分守己，立名立行只在修德读书。”士大夫应该有所作为，“日者有为之时，乾乾以致其力。夕者无为之时，则惕若以致其心”❶。君子不但要修身，还应该忧国忧民，更应该居安思危。“夫乱生于所忽，治生于所忧。安安者危，亡亡者存，固天之理也。”❷ 要想治国，必须首先修身、齐家。秦金就曾训其子曰：“谦谨韬晦以持身，潜心努力以进业。”❸

秦镛认为要使家族兴盛，则离不开“勉为善”一语，“勉为善，则大宗可以不废，而小宗可以崛起”❹。“勉为善”最重要的就是“孝友”。秦氏自始就十分重视孝友二字，早期有秦旦、秦奭被旌“双孝”，后来又有开杰、凤祥人称“后双孝”，其余子孙也大都有令人称道的孝行。纵观秦氏 400 多年的历史，“孝友”可以说是其精神的精华，“孝友”精神在秦氏的发展中也同样有至关重要的作用。

关于持家则要坚持“孝悌”，因为秦氏“以孝弟为本，历观凡

---

❶ （清）秦云锦．先城集补·祖训［M］．乾隆六十年（1795）．刻本．

❷ （清）秦云锦．先城集补·祖训［M］．乾隆六十年（1795）．刻本．

❸ （清）秦云锦．先城集补·祖训［M］．乾隆六十年（1795）．刻本．

❹ （民国）秦毓钧．锡山秦氏文钞：卷之三［M］．咏烈堂印行，民国十九年（1930）．

族克孝、克弟者，长发其祥，不孝不弟者，天降丧乱，彰彰可考，慄慄可惧”[1]。应该入则孝，出则弟，“不孝不弟即不可以为人，能孝能弟即可以为尧舜”[2]。并且，孝弟为仁之本，义要行于内，要以义养气，而非以气行义。君子应该具有仁义礼智四德，但这四德之用处又各不相同。“仁者，天之尊爵也，人之安危也，故仁为四德之冠。而智又为三达德之首。人而不智，则不知礼义之所在，故无礼、无义皆由于不智，是礼义必得智而成也。”[3] 所以，四德的关系为“以仁始之，以智终之，而礼义即行乎其间，四者皆一串之事，而非有轻重缓急之分也”[4]。

（二）家规、家风

封建社会中的名门望族一般都有一定的家规、家风。在一个庞大的家族中，要使族内秩序井然则一定要发挥其家规、家风的作用。无锡秦氏的家规、家风虽未明文逐条列出，但其有很多不成文的家规、家风，这些家规、家风是无锡秦氏得以兴盛的重要精神法宝。

作为文化世家，无锡秦氏十分注重诗书礼仪，认为“保身保家不外安分守己，立名立行只在修德读书”[5]。深知无论是修身、齐家还是治国、平天下，都必须读书。正是因为这样的诗书传统，秦氏子孙才能在科举中有所成就。在秦氏子孙都致力于修德、读书的同时，科举入仕也成为第一要务。秦氏虽没有明文规定子孙必须都参加科举考试，但与大多数文化家族一样，参加科举考试在秦氏家族中蔚然成风，秦氏子孙在科举中的成就便是最好的见

[1] （清）秦云锦．先城集补·祖训［M］．乾隆六十年（1795）．刻本．
[2] （清）秦震钧．景行录：卷上．梁溪秦氏［M］．刻本．
[3] （清）秦震钧．景行录：卷下．梁溪秦氏［M］．刻本．
[4] （清）秦震钧．景行录：卷下．梁溪秦氏［M］．刻本．
[5] （清）秦云锦．先城集补·祖训［M］．乾隆六十年（1795）．刻本．

证。科举之外，无锡秦氏自始就有“孝友”传统，此传统也成为秦氏特有的家风，并深得世人称道，成为无锡秦氏兴盛的另一原因。秦氏自始至终都十分强调敬宗收族，在其族人所留下的记载中就曾明确地说明，之所以祭祀祖先目的就是使族人“疾相抚，患相拯，贫相赒，死相葬，老弱癃残者相养。祭酺相召，婚嫁丧灾相助”❶。族人当中有能力者屡有捐田设义田的事情发生，而其目的虽是多样的，但都有使族人“生相养，死相恤”的目的。❷另外秦氏还有专门的赡族田，秦春田就曾设赡族田，他的目的是“鳏寡孤独废疾待养者，由亲及疏，以次恤”❸。秦氏设义田之外还设有义庄，使得“族中无告者，岁有支，月有给，婚丧具举，应试有资，不至一族而分为秦越信矣”❹。为了培养秦氏子孙，秦氏也十分重视家族的书塾。“书塾、义庄，一以培植子弟，一以周恤孤寡，教与养兼施，前人之用意至深远也。”❺

清朝末年，无锡秦氏进入了衰落时期。由于社会的动荡，战火不断，所以秦氏在这一大环境下难免受到影响，动荡的生活使秦氏失去了原来的兴盛局面，在生存尚且艰难的情况下，更是鲜有读书者。子孙或逃之他乡，或弃学从商，往日兴盛局面一去不复返。秦氏的优良传统也渐行渐远。最重要的是，使秦氏兴盛的最主要的原因——科举制度，在清代后期也是徒有虚名，秦氏在缺少了这一决定因素之后，其衰落自然是不可避免的。后期虽有子孙努力建书塾，设义庄，力图恢复秦氏传统，重现昔日兴盛局面，但是也都以失败而告终，秦氏最终也未能逃脱衰落的命运。

---

❶（清）秦焕．秦氏丛谭：卷之二［M］．内蒙古图书馆藏手抄本．
❷（清）秦焕．秦氏丛谭：卷之二［M］．内蒙古图书馆藏手抄本．
❸（民国）秦毓钧．锡山秦氏文钞：卷之六［M］．咏烈堂印行，民国十九年（1930）．
❹（民国）秦毓钧．锡山秦氏文钞：卷之七［M］．咏烈堂印行，民国十九年（1930）．
❺（民国）秦毓钧．锡山秦氏文钞：卷之十［M］．咏烈堂印行，民国十九年（1930）．

第二篇　昆山徐氏：科举世家与王朝政治

昆山徐氏是明清之际江南显赫的名门望族，也是有名的科举世家，特别是徐乾学、徐秉义、徐元文兄弟三人，在顺康之际接连登科，成就了一段佳话。正所谓“同胞三及第，前明三百年所未有也”❶。但到了雍乾年间，徐氏很快就衰落了。其兴也迅速，盛也短暂，衰也匆匆。究其盛衰浮沉之变，有外部原因，也有其自身的原因。清初的政局以及清政府对汉族知识分子尤其是对江南知识分子的统治政策，不仅与这些汉族士人的命运息息相关，也与他们家族的兴衰紧密联系在一起。而他们对清朝的态度和由此所作出的历史选择，亦影响其自身及其家族的发展。昆山徐氏的兴衰，为明清鼎革之际江南知识分子的历史命运及其家族兴衰做了很好的注脚。

1. “同胞三及第”：昆山徐氏的崛起

1.1　“教子有遗经”❷：家学渊源

江南昆山的徐氏家族是科举世家，早在明代就参加科考并入

❶ 余金. 熙朝新语［M］//清代历史资料丛刊. 上海古籍书店，1983.

❷ 江苏昆山徐氏祠堂联“教子有遗经，诗书易春秋礼记；传家无别业，解会状榜眼探花”。

朝为官。徐乾学、徐秉义、徐元文三兄弟的六世祖徐申（字周翰）于嘉靖初年由乡举出仕，官至刑部主事。[1] 其三世祖徐应聘中万历十一年（1583）进士，历任检讨、尚宝司丞、太仆少卿，最后卒于官。祖辈经由科举出仕的传统和家族里光宗耀祖的信念，由徐氏兄弟加以继承和发扬，并使他们在顺康之际迅速崛起。正如一些研究家族史的学者所总结的“先辈中若有以孝行、义行或人品端方著称的好祖宗，为子孙树立良好的学习榜样，使之成为佼佼者乃至应考登第入仕，并由此发展成为著姓望族”[2]。

徐氏兄弟不仅祖上出自科举之家，其母顾氏，亦出自当地的科举官宦世家——顾氏望族。据统计，仅明一代顾氏就出现了22位进士，[3] 且都位居高位，所以成为明代昆山的五大望族之一。书香门第、科举世家的耳濡目染，使徐母亦具有极高的文化素养和极强的教子成材、修身立业的观念。史载徐母是有名的严母：“性明敏，有远识，夫游学在外，综理家政，条理具备。训子极严，所读之书，必令背诵。师或他出，即亲为训读。常潜至书室听子谈论，如讲经史则喜，间或语博色游戏事，即怒而责，至加复楚。”[4] 母亲的严格督促，使三徐自幼刻苦攻读，“课诵恒至夜午不辍”[5]，培养了深厚的文化修养，为科考登第及后来的不凡政绩都打下了坚实的基础。这也符合了一些学者的见解：一位贤明的母亲，往往成为一个家族隆盛的理由。[6]

此外，有名儒顾炎武作母舅，徐氏三兄弟亦受益匪浅。可以

[1] 张廷玉．明史：卷二百零七．列传95［M］．北京：中华书局，1974；又见徐悦堂．徐氏大宗谱·徐氏历代名人录［M］．徐氏大宗谱编印馆，台北铅印本．

[2] 吴仁安．明清时期上海地区的著姓望族［M］．上海：上海人民出版社，1996.

[3] 昆新两县续修合志：卷十七．选举表一·历朝进士［M］．光绪庚辰年重修．

[4] 李嘉球．苏州状元．盛世贤相徐元文［M］．上海：上海社会科学出版社，1993.

[5] 徐珂．清稗类钞．册二［M］．北京：中华书局，1984.

[6] 潘光旦．明清两代嘉兴的望族［M］．上海商务印书馆，1947.

说他们后来在学术和政治方面的作为，很大程度上得益于舅氏的言传身教。

顾炎武像

其一，顾炎武的学问对徐氏兄弟影响较大。据《昆新两县续修合志》记载，徐乾学的学问“得舅氏顾炎武指授，柢根益深”❶。顾炎武为一代大家，通晓古今，徐氏兄弟得舅氏熏陶浸染，无论是朝疏论奏，还是著述文章，都学有根柢，且多经国大略。有人在论徐乾学著述时曾总结道：“耳目濡染，闻见日广，故为学具有端续。于义理则宗程、朱，而黜陆、王，于训诂则宗古经，而亦不废宋元经说。于词章则主变化日新，而不以格调拘，以时代限。皆与炎武为近”❷。另有学者指出，徐元文在奏疏中论科举，主张妙简遴选，用真正的人才治理天下，“与顾炎武在《生员论》及《问知录》中关于科举的议论，大体一样”❸。其二，顾炎武关心国计民生，多次给外甥写信，告诫他们以民为本。如在给徐元文的信中指出，中国西北荒旱，东土水涝，民情汹汹，强调备列大臣之人应关心民生，整肃百官，除残去秽，提倡廉洁，“任大臣者，当以激浊扬清为第一义，而其本在养廉”❹。而在朝做官的徐氏兄弟也能体会到舅舅的深意，注意倾听民声，关注民情。徐元文在都御史任上，就曾多次上疏要求减免租税，“严禁虚捏田亩加粮，徇纵窝贩人口”❺。徐秉义在赈灾救民时也是把百姓的利益放在首位。其

❶ 昆新两县续修合志：卷二十四［M］．光绪庚辰年重修．

❷ 张舜徽．清人文集别录：卷二［M］．中华书局，1980.

❸ 王春瑜．顾炎武北上抗清说考辨［J］．中国史研究，1979（4）．

❹ 顾炎武．亭林文集：卷三［M］．铅印本．上海中华书局，民国间（1930—1931）．

❺ 王钟翰点校．清史列传．徐元文传［M］．北京：中华书局，1987.

三，顾炎武治学严谨，敛华就实，“酌古通今，旁敲互证，不为空谈”[1]。他在《答公肃甥》一信中指出，编纂《明史》，只可以邸报为本，因为邸报为当时实录，真实性较强，而《元史》材料最劣，不可参照。而且对于相互抵牾的材料，不可偏执一词，要进行翔实考证。[2] 徐氏兄弟在编纂《明史》中完全贯彻了这种严谨求实的精神。

1.2 历史的选择：科举入仕

清初顺康之际，伴随着入关后一系列政策的实施，全国性的反清高潮已不存在，清政权进入了相对稳定的时期，但局部的民族性反清活动仍在继续，加之三藩之乱又起，故尽快消除地区性的反清活动成为当务之急。当时，主要是江南地区的人们留恋故国，反清意识强烈。所谓士心不得，则民心难求。如何驾驭这些心高气傲、文化素养较高、故国情怀浓重的汉族知识分子呢？清政府选择了开科取士。这本是选拔人才的传统方法，但在清初满汉民族激烈对抗的特殊环境下，就成为清政府用以笼络汉族知识分子的特殊手段。故清军入主中原不久，顺治帝即下诏宣布举行乡会试。诏曰：“会试定于辰戌丑未年，各直省乡试，定于子午卯酉年，凡举人不系行止黜革者，仍准会试。……前朝文武进士，文武举人，仍听该部核用。”[3] 到康熙年间亦大开科举之门，他在位61年，共开科考试21次，录取进士3103人，[4] 体现了清统治者一脉相承的统治思想，即通过科举，积极扶持江南知识分子中愿意与

---

[1] 江藩. 汉学师承记：卷八［M］. 生活·读书·新知三联书店，1998.
[2] 昆新两县续修合志：卷四十六. 艺文四［M］. 光绪庚辰年重修.
[3] 清世祖实录：卷九［M］. 中华书局影印本，1985.
[4] 康熙用人得失散论［J］. 历史档案，1995（3）.

清政府合作的人，以稳定其政治统治。

在这种政治气候之下，徐氏三兄弟均参加科考，并先后及第出仕。首先高中的是徐元文，于顺治十六年（1659）中进士第一（状元），授官修撰，秘书院侍读、经筵讲官，后升至翰林院掌院学士，都察院左都御史。鼎盛时先后任户部、刑部尚书，并授文华殿大学士。接着及第的是徐乾学，于康熙九年（1670）中进士第三（探花），也授编修，后历任左春坊左赞善、翰林院侍讲、内阁学士、左都御史、刑部尚书。三年后，即康熙十二年（1673），徐秉义也中进士第三，官至吏部侍郎。三人“皆以鼎甲致位通显，时号‘昆山三徐’”❶。三兄弟同朝为官，声势可想而知。只是到了康熙二十一年通籍❷后，以三人并在华省，议者纷纭，徐秉义乞假归里，其余二人仍在朝中。

而且，由于“三徐”都由科举入仕，他们的下一代亦沿父辈这一条路，且都有所成。值得一提的是徐乾学的“五子登科”：徐树谷，字艺初，康熙二十四年进士；徐炯，字章仲，康熙二十一年进士；徐树敏，字师鲁，康熙四十三年进士；徐树屏，字敬恩，康熙五十一年进士；徐骏，字观卿，康熙五十二年进士。徐秉义52岁方得一子，名树闳，字诚修，以诸生入太学。徐元文有两子：长子徐树声，字容斋，康熙二十三年甲子中举人；次子徐树本，字道积，康熙三十六年丁丑中进士。❸

由此，“三徐”下一代基本都走科举入仕之途。一则父辈均为朝中重臣，他们有不少便利条件从科举走入仕途。据赵翼所载

❶ 蔡冠洛．清代七百名人传．徐乾学传［M］．明文书局，1985.

❷ 通籍是古代的一种回避制度，本义指同一姓氏之人不可在一处为官，这里指徐氏兄弟三人不可同在京城为官。

❸ 昆新县志：卷十七．选举一·进士表［M］；又见李嘉球．苏州状元［M］．上海社科出版社，1993.

“徐（乾学）方主持风气，登高而呼，衡文者类无不从而附之。以是游其门者无不得科第”[1]。门客尚且能得科第，子侄中举可想而知。二则父辈学识渊博，藏书海若，对后代的熏陶教育，功不可没。据载，徐乾学曾领诸子登上他的藏书之所——“传是楼”，告诉他们：“为人父祖者，每欲传其土田财货而子孙未必能世富也；欲传其余金玉珍玩之物而又未必能世宝也；欲传其园池台榭、舞歌车马之具而又未必能世享其乐也。吾方以此为鉴，然则吾何以传汝曹哉?”随后他指着书笑着说“所传者惟是矣”[2]。三则在封建社会，走科举之途确实为易于发达辉煌之路。正所谓：“既登第，遂食禄，既食禄，必登朝，谁不欲也。”[3] 既增加社会名望，光耀门庭，又可以使后代享受富贵荣华。昆山徐氏也因此而成科举世家，地方望族。

Ⅱ．“兄弟两尚书”：昆山徐氏的兴盛

2.1 “相代为亚相”：[4] 昆山徐氏的政治活动

三徐入朝为官以来，先后进入了当时的中枢机构。徐乾学和徐元文都曾任南书房行走、左都御史和刑部尚书，徐元文后来又转户部尚书。徐秉义累官吏部侍郎、内阁学士兼礼部侍郎。顺康之际三人在清廷备受重用，因而政绩不凡。

兄弟三人中，长兄徐乾学在政坛可谓叱咤风云。

---

[1] 赵翼．檐曝杂记：卷二．“徐健庵”条［M］．台北：文海出版社，1973.
[2] 汪琬．传是楼记．传是楼书目．附录［M］．道光十年（1830）．刘氏味经书屋抄本．
[3] 李肇．唐国史补：卷下［M］．上海古典文学出版社，1957.
[4] 贺长岭．皇朝经世文编．刑政一・刑论・刑部提名记［M］．台北：文海出版社，1972.

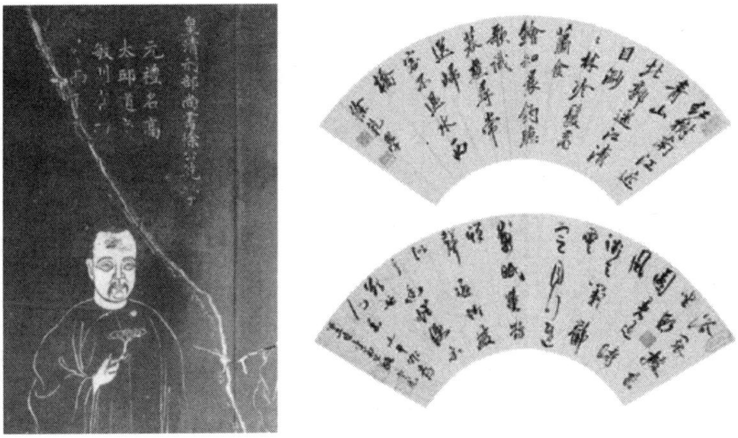

徐乾学像及其书法作品

其一，他在清初诸儒臣之中，率先响应清廷尊孔倡礼的号召，主持纂辑了《读礼通考》，曾被时人称为："天地间必不可少之书也。"❶ 该书对于丧礼的考究，开一代风气之先，对丧期、丧服、丧仪节、葬考、葬具、丧制、庙制等都做了详细的梳理考辨，对当时及以后都深有影响。他于礼学的精深造诣，也决定了他在朝中的地位，"凡朝章国故之巨，郊庙礼乐制度之沿革，廷议纷挐，必折中于公。而公随事讨论，援古据今，上下千百年，了如指掌"❷。在孝庄皇太后驾崩时，"自初丧及启殡，礼无纤巨，天子惟公是咨。公斟酌古今之宜，附中使入奏，悉中条理"❸。此外，徐乾学关于礼学的诸多文章，如《地坛配位或问二首》、《北海祀典或问》、《谢孝说》等，以及署名纳兰性德但徐乾学及其幕府多有贡

❶ 朱彝尊．读礼通考·序［M］//徐乾学．读礼通考．卷首．江苏书局，清光绪七年（1881）．刻本．

❷ 宋荦．憺园文集·序［M］//徐乾学．憺园文集．卷首．四库全书存目丛书．集243．别集类．济南齐鲁书社，1997.

❸ 朱彝尊．读礼通考·序［M］//徐乾学．读礼通考．卷首．江苏书局，清光绪七年（1881）．刻本．

献的《通志堂经解》[1]，对于清初的礼制建设，起了发凡起例的奠基作用。虽然在高度专制的皇权社会里，礼制的实质是为了统治者更有效地进行思想统治，但对于清初社会由乱而治的发展进程而言，徐乾学等儒臣对于礼制的探求还是很有裨益的。其二，徐乾学对于钱法管理方面亦有建树。当户部郎中色楞额去福建稽查鼓铸、疏请禁用明代旧钱时，户部尚书科尔坤、余国柱等也作出了销毁古钱的决议。对此，徐乾学专门上疏，考察列举了从汉到明新旧钱并用的事例，建议"自古皆新旧兼行，以从民便。若设例禁，恐滋烦扰"[2]。康熙最终听从了他的建议。其实是否禁用古钱的争议，自顺治以来就有，当时需要确认清朝对全国统治的合法性、唯一性，所以在法令上规定对明代钱币一律禁用。[3] 但在民间，百姓还是根据方便的原则新旧钱币并用。所以不仅康熙认同了乾学"以从民便"的钱币管理之策，后来的雍正、乾隆皇帝对古钱的看法也是"乡僻愚民相安已久……仍听民便"[4]。其三，身为刑部尚书，徐乾学关于刑法和刑部管理的思想也十分深刻。他把刑狱分成两类：一是"威在上明在下"，即让百姓因为畏惧而遵守法令，由此免用刑罚；另一类是"明在上威在下"，即对违法者用刑。一句"刑者，人命所系，而天下人命尤系于刑部，为官可不慎哉?"[5] 其理刑思想可见一斑。

---

[1] 一直以来，史学界就存在着关于《通志堂经解》一书编校权的争议，本人同意刘德鸿先生的看法，正如他所考证，该书的底本主要来自徐氏三兄弟所藏之书，并已做过校勘，纳兰性德一方面在老师徐乾学的指导下参与校勘，撰写序跋，另一方面捐助资金以助其雕版行世，所以既不能夸大他对该书的贡献，也不可完全否定纳兰性德的参与。见满汉学者通力合作的结果——《通志堂经解》论述［J］．清史研究，1995（2）．

[2] 永瑢等．四库全书存目提要．别集243．集部・憺园文集・用古钱议［M］．商务印书馆，1933．

[3] 钦定大清会典事例：卷二百二十．户部・钱法［M］．中华书局影印本．

[4] 钦定大清会典事例：卷二百二十．户部・钱法［M］．中华书局影印本．

[5] 贺长龄．皇朝经世文编．刑政一・刑论・刑部提名记［M］．台北：文海出版社，1972．

老二徐秉义在康熙十二年（1673）中探花后，即授编修，累官至礼部侍郎、内阁学士兼吏部侍郎。但在康熙二十一年通籍后，以兄弟并在华省，深怀谦退，乞假归里。所以在昆山徐氏鼎盛之时，即徐乾学与徐元文同为尚书时，徐秉义并未与之同列于朝。后来在康熙三十三年其兄乾学病逝后，秉义才召补原官，入朝执事。

徐秉义像

徐秉义学识出众，参加康熙举行的两次殿试，分列第一和第二，特赐“擢秀清流”匾，❶ 他为人诚实谨慎，多次被委任掌典乡试会试，拔才子寒俊于试卷中，为人所称道。而且，在舅氏顾炎武的影响下，秉义“民本”思想浓重。居于乡里时，他十分关注慈善事业，并作《赈饥录序》❷ 以宣传号召。在文中，他针对当时人提出的“救荒无奇策”，归结为“得粟之难、任人之难、立事之难”三难，但无策虽难，然天灾流行，于是他先后赞助世德仓、广孝轩、育婴堂等，并号召同乡富裕之家一同赈饥。康熙三十九年，他受命护送山东饥民回籍时，不仅额外拨给钱粮，而且为生病的饥民调养，“饥民欢声动地”❸。

老三徐元文自顺治十六年（1659）高中状元后，仕途通畅，官至户部尚书，文华殿大学士，且在政治上也有所作为。具体表现在以下诸方面。

❶ 昆新两县续修合志：卷首·序［M］. 光绪庚辰年重修.

❷ 昆新两县续修合志：卷四十六. 艺文四［M］. 光绪庚辰年重修.

❸ 昆新两县续修合志：卷十七. 选举表一·历朝进士［M］. 光绪庚辰年重修.

第一，在教育方面，推动了清初教育事业的发展。他接连上疏《请广太学人才疏》、《请广太学乡试中额疏》、《官学生徒酌量录用疏》等，表达其“养士莫大于太学”、“自古人才盛衰视学校兴替”的教育思想，可谓真知灼见。康熙也采纳之，不时增加各省科考的名额。他在教授庶吉士时亦恪守师职，恭谨严肃，培养的学生大多有所成就。第二，他在选官用人方面坚决反对捐纳出仕，在《请停输纳入监疏》、《酌议捐纳官员疏》、《请停捐纳官员保题疏》等篇中，一再强调“正途非可捐纳而得”、“称职非捐纳可得”[1]。这也反映了徐氏兄弟及其他经由科举出仕的官员的一种普遍心态，他们鄙视那些富家子弟的捐纳，认为科考为官方为正途。一次直府部院笔贴式三千人请求开捐纳典州县，只有元文极力反对。满大臣好意劝他，元文不听，最后这一议案只得作罢。[2]可以说，徐元文的这些举措，在一定程度上杜绝了买官带来的弊端，如官员鱼肉百姓，贪污受贿，以此来弥补自己捐纳的损失。但从另一方面讲，一些本性端正、家教良好，本可以通过捐纳出仕、成为好官的人，却有可能因此而不能走上仕途，为百姓造福。第

徐元文所题扇面

---

❶ 贺长岭．皇朝经世文编．吏政三·铨选［M］．台北：文海出版社，1972.

❷ 李桓．国朝耆献类征初编．宰辅八［M］//周骏富．清代传记丛刊．明文书局．

三，在理刑方面明察秋毫，秉公执法。即使事关八旗，徐元文也无所避讳，令同僚为之咋舌。杭州将军马哈达以民间多匿逃人，请自勾摄，勿关有司。元文力斥不可，上疏云：“以窝逃为名，辗转倾害，是重扰民也。”在主刑部时，有八旗家人投水自缢、上报刑部者一年达千人（还不包括无主尸骸），元文判断：“必其主待之无恩，使之非道，或积怨平日或愤发一时，请下部议。如验有伤痕及一家前后积至三人者，酌定处分。”此后“家长稍存畏忌，不敢妄行”。他屡屡上疏，在《严禁窝贩疏》、《处分私毙人命疏》中，突出了人的生存权。用他的话说：“要使人皆知人命之重。”[1] 第四，在平定三藩之乱后，他针对各个地方的问题，因地制宜，在《察除逆藩虐政疏》、《除两淮积弊疏》、《备陈粤东民困疏》、《备陈闽地民困疏》、《备陈滇南民困疏》等奏折中，提出不同的解决办法，康熙对此都很重视，均下旨“下部议行”。第五，在吏治方面徐元文也有独到见解，众所周知，督抚作为清代地方的最高行政长官，号称“封疆大吏”，清政府都是从旗人亲贵中任命的，同时也给予他们绝对的权力，使之成为皇权在地方的代理人。但这样却造成了督抚在地方的横行无忌。徐元文敏锐地看到了这一点，上疏陈奏督抚四弊：不职之弊、功过无准之弊、察吏不严之弊、心多侥幸之弊，并提出了相应的解决方案。确实如此，一方面，督抚事务繁重，缺少时间和精力去做下属的监察工作；另一方面，清朝对巡案御史一职的废除[2]，也使督抚自身处于无人监察的状态，徇私舞弊、贪权纳贿自然难以避免。因此他着意整顿吏治，先后参劾福建总督姚启圣、杭州副部统高国相、两淮巡盐御史堪泰和

[1] 梁章钜．天朝臣工言行记：卷七．名人类［M］．明文书局，1985：343.

[2] 清政府认为明代的督、抚、巡并遣的制度造成三种监察官员权职重复，所以在顺治末年彻底废除了巡案制度。

陶式玉、候补御史萧鸣凤，令朝廷为之一震。此外，他还上《荐举废员疏》，建议“言路当尽得人”，应启用以直言善谏闻名的现废的御史李时谦、裘充美，后来李时谦得以启用。

昆山“三徐”的后代亦有所建树，如徐乾学登科的五子，徐树谷，后任山东道监察御史；徐炯，曾典试福建，历任工部主事，贵州司员外郎，刑部郎中，直隶巡道；徐树敏，官安阳令；徐树屏，官刑部广西司郎中，广西提学检事；徐骏，候选庶吉士。秉义子树闳，后授四川屏山县知县，官至开花府知府。徐元文的两子：长子徐树声，官中书舍人；次子徐树本，选庶吉士后，授翰林编修，充《一统志》总裁官。据现有资料，三徐的第三代也参加科考，留有政绩。如徐树谷子、徐乾学孙——徐德秩，官梧州府知府；徐炯子徐德涫，康熙年贡生，官葵巳河南延津知县；徐树敏子徐德裕，官湖南按察使，徐德泰广西思恩知府；徐树屏子徐德颐，官武清县丞；徐骏子徐德藻，官河南固始巡检；徐树闳子、徐秉义孙徐德怀，官凤阳府丞。

2.2 “一史三总裁”：昆山徐氏的学术成就

兄弟三人均科班出身，加之“得舅氏顾炎武指授，柢根益深”[1]，文采自然出众。早在青少年时代，郡城之中文社兴盛之时，他们就被推举为社中领袖，声名远播。进入仕途后，学术活动更加频繁。他们各有所长，但在纂修《明史》一事上，兄弟共同参与其中。

兄弟之中，徐乾学可谓学术成就斐然。一方面，徐乾学于经

[1] 昆新两县续修合志．列传·国朝［M］．光绪庚辰年重修．

学礼学研究深刻，“凡唐宋以来先儒经解，世所不常见者，靡不搜揽参考，雕版于世。有所独得，著为论辩。又以诸经《大全》一书最舛陋，欲荟萃古今经说，采其《主义》，别其当否，各为一书，以正群讹”❶。徐乾学处于清初统治由乱向治转变的关键之时，作为身居显要的儒臣，他既能把握时代脉搏，又能响应朝廷“崇儒重道”的政治导向，于经学、礼学皆有深造，且能致于实用，于其政治上之仕途发展大有裨益。另一方面，徐乾学喜好延揽学人幕僚，其幕府可谓清代最早出现的主要从事学术活动的重要幕府。❷ 它以学者型官员为幕主、以著名学者为幕宾，乾学“延四方耆儒名宿，共襄厥成，郁郁彬彬，络绎奔诣，皆大国词人之选”❸。康熙时期的大学者如万斯同、阎若璩、胡渭、顾祖禹、刘献庭、黄仪、黄百家、王源等，都曾游学此幕府。该幕府先后在京师和苏州纂修《明史》、《大清一统志》、《资治通鉴后编》、《通志堂经解》等多部著作，成就斐然。时人记载：“凡国家有大编述，乾学为之发凡起例，以总其成。”❹ 而且，乾学在学术上也十分严谨、敬业，深为一起编书撰稿的幕僚所称道：“公核校精严，务极根底，稗言莠字，片只不安，不疲以乐，公于是书（按：指《大清一统志》）可谓勤矣。”❺ 其修书活动对清代学术文化发展有重要影响。《明史》在二十四史中以取材丰富、文字简练、体例严谨而著称。“而其中议大礼三案东林理学诸源流，皆公之特笔，足为实录焉。”❻《大清一统志》内容丰富，体例完备，考订精详，校对严谨，乾嘉

❶ 韩菼．有怀堂文稿：卷十八．资政大夫经筵讲官刑部尚书徐公乾学行状［M］．

❷ 关于这一点，前人已有专门文章加以研究，本书仅概括吸收。参见尚小明．徐乾学幕府研究［J］．史学月刊，1998（3）．

❸ 裘琏．纂修书局同人题名私记．横山文集：卷七［M］．

❹ 张舜徽．清人文集别录：卷二［M］．中华书局，1980.

❺ 裘琏．纂修书局同人题名私记．横山文集：卷七［M］．

❻ 张维屏．国制诗人征略初编：卷八［M］．明文书局，1985：331.

道时的续修和重修即在此基础上进行。《资治通鉴后编》“校辑审勘，用力颇深，故订误补遗，时有前人所未及”，特别是当时乾学掌管一统志局时，用到许多宋代以来的郡县旧志，而阎、胡等人都长于地理学，因此该书所载的舆地方面的内容，尤为精核。[1] 乾隆时，毕沅与其幕宾所撰《续资治通鉴》即以此书为蓝本。《通志堂经解》的纂辑，虽然是为了迎合清初尊朱黜王的学术风尚，“搜罗宏富，而不尽精粹”，“然多数罕传之籍，得因其（徐乾学）巨力以行世”[2]。由此可见，乾学不仅延聘大批学人入幕，而且赞助他们的学术活动，其幕府在清代学术文化发展史上所占的地位可见一斑。该幕府对乾嘉时期一系列从事修书、校书活动的重要学人幕府的出现，也产生了巨大影响。同时，在社会上也造成了一种赞助、鼓励学术文化发展的活跃气氛。

此外，乾学笃嗜搜罗文献典籍，并“筑楼于所居之后，贮书若千万卷，区为经史子集四种”[3]，名曰“传是楼”，为清初著名藏书楼，时人谓“藏书甲天下”，“尤有功于学者”。[4] 正如黄宗羲所言：“丧乱之后，藏书之家多不能守，异日之尘封未触，数百年之沈于瑶台牛箧者一时俱出，于是南北大家之藏书尽归先生。先生之门生故吏遍于天下，随其所至，莫不网罗坠简，搜抉缇帙。而先生为之海若，作楼藏之，名曰‘传是’。”[5] 而且，也正是“传是楼”的丰富馆藏，得以吸引这些游幕学人参与到著书活动之中，并为他们自己的学术活动提供了极为便利的条件。正是在徐乾学幕府中，胡渭抄录了大量的资料，为撰写著名的《禹贡锥指》做

---

[1] 永瑢等．四库全书总目提要·史部编年类［M］．商务印书馆，1933.
[2] 中国科学院图书馆整理．续修四库全书提要·经部［M］．北京：中华书局，1995.
[3] 汪琬．传是楼记．传是楼书目·附录［M］．道光十年（1830）．刘氏味经书屋抄本．
[4] 顾沅辑，孔继尧绘．吴郡名贤图传赞：卷十八．常洲顾氏［M］．道光年间刻本．
[5] 黄宗羲．传是楼藏书记．传是楼宋元板数目·附录［M］．

好了准备。[1] 顾祖禹撰写《读史方舆纪要》，也充分利用了传是楼的藏书。[2] 此外，黄宗羲将《明文案》217卷扩编成规模宏大的《明文海》482卷，也是他多次跋涉到江苏昆山，到徐乾学的传是楼看书抄书的成果。正如后人评价该书“搜罗极富，所阅明人文集几至二千余家”，“可谓一代文章之渊薮，考明人著作者，必当以是编为极备矣！”[3]

徐元文不仅政绩出众，而且学术活动不凡。曾任重修《太宗文皇帝实录》副总裁，并先后充《孝经衍义》、《政治训典方略》、《大清一统志》总裁。值得一提的是，元文曾先后两次担任《明史》馆监修总裁，为该书的纂修成功起了创始奠基的作用。康熙十八年（1679）五月，徐元文被任命为《明史》监修总裁官后，又将卢琦、王鸿绪等16位名儒添加为史馆纂修官，与康熙原先选定的50位鸿儒共同分任。此后元文接连两次上疏，提出了购遗书、征遗献两项关键性奏议[4]，为《明史》的纂修开拓了广阔的前景。他举荐李清、黄宗羲、曹溶、汪懋麟、黄虞稷、姜宸英、万言等，除前三人以老不至各上所著书外，其余皆征入史馆任事，使纂修力量不断扩大。尤其征遗献、聘请明代学者参与修史，是徐元文的一项创议。当时部议不允，但得到了清最高统治者康熙的批准。那些原本志不仕清的明代遗民学者，怀着上报故国之情，也参与到了清朝官方修史的活动中，极大地增强了《明史》纂修的学术力量，从而使以康熙帝为首的清廷、以徐元文为首的《明史》馆和以顾、黄为代表的在野旧明学者——这动机不同的三方，在力

---

[1] 夏定域．德清胡朏明先生年谱［M］．康熙二十九年（1690），三十三年（1694）．

[2] 夏定域．顾祖禹年谱［M］．康熙十九年（1680）．

[3] 纪昀．四库全书总目．明文海·提要［M］．四库全书研究所整理，中华书局，1997.

[4] 徐元文．含经堂集：卷十八［M］．请购《明史》遗书疏，特举遗献录史才疏等文．康熙刻本．

图修好《明史》上取得了一致，直接促成了康熙朝纂修《明史》过程中朝野合作、同心修史的兴隆景象。这也是清廷官修《明史》最终取得较高成就的主要原因。正如梁启超所言："康熙间，清廷方开《明史》馆，欲借以网罗遗佚，诸大师既抱所学，且借以寄故国之思，虽多不受职，而皆间接参与其事，相与讨论体例，别择事实。故唐以后官修诸史独《明史》称完善焉。"❶ 而徐元文本人，为该书编纂亦尽心竭力，据馆臣韩菼所记，"甲子（康熙二十三年，1684 年）二月，有意留公专领监修《明史》……公既不与政，专意史事，考据国史，参用诸家之说，年经月纬，手自编辑。客（万斯同）有熟于前朝典故者，公奉书币延致宾馆，遇有疑误，辄通怀商榷，常至夜分。积年，成纪传十之六七"。"公素强无疾，自留任史馆，殚精竭虑，即一字句，唯恐有未安，必持择再三，疲极不自休。气数逆，微喘。"❷ 史馆总裁张玉书在《徐公神道碑》中亦有同样记载。❸ 徐元文自己对修史生活也有所记述："由来监领职，笔削非所委。……终资延访力，文献庶可倚。……静漏伴霄吟，余星照晨起。""人情可许容褒刺，史笔翻教定是非。执简深霄还讨核，以为黎火竞无辉。"❹ 韩菼和张玉书的叙述与元文自身的抒怀都可互证，足见徐元文对《明史》的重要贡献，而并非如传统意见所言，史稿皆出万斯同一人之手，而是万、徐两人共同讨论商榷删修核定的结果。此外，徐元文特上疏请准按宋史益、卫二王例，以福、唐、桂三王事迹载附传，对于明末诸臣尽忠之事直书无隐，得到皇帝的准许。后来《明史》到乾隆年间告成时，用的就是这种体例。

---

❶ 梁启超．清代学术概论．第十四章［M］．中华书局，1954.
❷ 钱仪吉．碑传集：卷十二［M］．明文书局，1985.
❸ 钱仪吉．碑传集：卷十二［M］．明文书局，1985.
❹ 徐元文．含经堂集：卷九．奉命留监史馆：卷十二．著书［M］．

徐元文治学极严谨，作书尤极端楷。即便纸小札，从无一笔潦草。据同僚吴翔凤回忆，他曾应徐元文之请，为其斗酒诗作跋留念。但上有几字涂改，徐元文即“粉涂其上，然后用细楷改正而登于卷”。正如他所感叹：“其于一字之微敬慎若此，他可知矣。盖未有意气傲慢举动疏忽而能成大器享大名者。”❶ 此外，徐元文也嗜好藏书，设“含经堂”，藏书万卷，大多亲手抄校，卷帙精好。其著作有《含经堂集》流传于世。

徐秉义在与兄、弟同朝为官时，亦参与编纂史书的活动中。于康熙十四年（1675）秋充《大清一统志》总裁。十八年徐元文监修《明史》时，徐秉义亦被召入明史馆，参与该书的纂修工作之中。但通籍后秉义即乞假归里，杜门谢客，购求古书或借稿本抄录，并且和黄宗羲、万斯同、胡渭等著名学者在一起讨论经史大义，潜心钻研学术，有得就疏录成书。他考虑到易代之际死事者多，淹没不传，所以广搜记载，从崇祯二年（1629）直到当时，撰写了《明末忠烈纪实》，谨慎翔实，足称信史。❷ 康熙三十八年（1699）在徐乾学过世后，徐秉义再次出仕，又任《明史》总裁，从而成就了“一史三总裁”的佳话。此外，因其致仕后多方购求古籍，或借稿本抄录，所以藏书可与其兄弟相媲美——“培林堂”中藏书的数量相当可观，有《培林堂书目》传世。其个人文集有《培林堂集》刊行。

❶ 李桓．国朝耆献类征初编：卷九．宰辅八［M］//周骏富．清代传记丛刊．明文书局．

❷ 中国历史大辞典［M］．上海辞书出版社，2000.

Ⅲ. “青风无意不留人”：昆山徐氏的衰落

3.1　徐乾学致仕与徐骏诗狱

徐乾学初入仕时，正逢索额图与明珠同柄朝政，各植党徒之际，他审时度势，很快便投入到明珠门下，且事事攀附之。据时人记载，明珠做寿，乾学携金笺立幅造访以诗词闻名于时的王士祯，欲得一诗以贺。[1] 并将明珠之子纳兰性德收为门生，指授学问，甚至由他和幕僚组织编纂的《通志堂经解》都署上纳兰性德的名字。这样，凭借明珠的权势，乾学很快在朝中立足。同时研习经学、礼学，积极响应清廷尊孔倡礼之势，在群臣中迅速脱颖而出，步步高升。但随着明珠不断结党营私、招权揽势，其相权的膨胀使康熙帝感到不安，于是逐渐失势，而此时见风使舵的乾学亦远离之。前后对比可谓鲜明，“明珠当国，势张甚，其党布内外，乾学不能立异同。至是明珠失帝眷宠，而乾学骤拜左都御史”[2]。不仅如此，据史载，徐乾学还直接参与了弹劾明珠的过程。[3] 明珠失势后，乾学羽翼已丰，且很快升至刑部尚书，遂自成一派，与明珠党相抗衡。一时间，被人们奉为党魁首领。与此同时，徐元文作为顺治朝的名臣也得受重用，步步高升。到康熙二十八年（1689），即徐乾学与弟徐元文分别任刑部、户部尚书，而徐元文又被授予文华殿大学士之际，昆山徐氏达到鼎盛之时。但徐氏与明珠党人的斗争

---

[1] 王应奎．柳南随笔：卷二［M］．中华书局，1983.

[2] 赵尔巽．消史稿：卷二百七十一．列传58．徐乾学传［M］．中华书局，1977.

[3] 川陕总督佛伦奏报郭琇等人情形［M］//康熙满文朱批奏折全译．中国第一历史档案馆整理，中国社会科学出版社，1996：63；又见李光地．榕村续语录：卷十四．本朝时事［M］．

也越演越烈。也就在这一年，徐乾学遭到了明珠党人——左副都御史许三礼先后两次上疏弹劾，他迫于压力，告老回籍。徐氏之势稍减。至康熙二十九年五月，明珠党人两江总督傅拉塔又以放纵子侄、为患乡里、违法乱纪为由，上疏参劾徐氏兄弟。于是，徐元文也休致回籍。自此，盛极一时的昆山徐氏开始削弱。

到了雍正八年（1730），徐乾学幼子徐骏又在诗集中触犯禁忌，其中“明月有情还顾我，清风无意不留人”的字句，被冤家告发：“思念明代，无意本朝，出语诋毁，大逆不道。”❶ 刑部议奏：“照大不敬律，拟斩立决，将文稿尽行烧毁。”即所谓的“徐骏诗狱”，自从徐骏被诛，昆山徐氏遂衰。❷

仔细想来，从徐氏通籍开始，清廷就在有意识地控制他们的发展。试想当时徐氏三兄弟同在朝中，权势逐渐强大，成汉人权首，清统治者怎能不有所提防？但直接的打击削弱又太过明显，甚至可能导致对江南汉儒的笼络扶持前功尽弃。于是，刚一开始先对朝中官员实行通籍，结果徐秉义离朝归籍。接着，随着徐乾学与明珠之间的党争日渐激烈，借明珠党之手削弱徐氏又在事实上成为可能。于是徐乾学、徐元文先后致仕。但是徐氏毕竟权倾一时，在兴盛之时：“东南文学之士思自见者，莫不依倚之（徐乾学）以取功名，为众所奉，号为党魁。”❸ 所以他们的门生故吏遍天下，势力仍然不可小觑。因此，雍正初年的徐骏诗狱并不是一个偶然，只是清廷的借题发挥而已。政敌对徐氏的进一步打击恰好迎合了统治者的意愿，结果骤然兴盛的徐氏又倏然衰落了。

---

❶ 郭成康，林铁钧．清朝文字狱［M］．群众出版社，1990.

❷ 郭成康，林铁钧．清朝文字狱［M］．群众出版社，1990.

❸ 邓之诚．清诗纪事初编：卷三．徐乾学条［M］．中华书局，1965：364.

3.2　徐氏现象分析

3.2.1　三人殊途：封建传统士人的三种类型

徐氏三兄弟均才华出众，但秉性各异，代表了封建士人的三种类型：攀附钻营的徐乾学，恭谨老成的徐秉义，公正刚直的徐元文。

徐乾学，作为一个历任要职、深受帝王器重的儒臣，其政治生涯伴随着清廷的统治而趋于上升之势。这不仅取决于其学问淹通，更取决于其仕途营求的功利性。后人提起他，评价为“十七世纪后半期朋党之争中的一位知名人士”❶。他初入仕时，如前所述，投靠明珠，竭尽所能与之交好。但是随着自己羽翼丰满自成一派后，又卷入与明珠的党争之中，而且权势盛极一时。据赵翼记述，“方其盛时，权势奔走天下，务以将拔寒畯，笼络人才，为邀名计，故时誉翕然归之”❷。而且，在朝中“凡有文字，非经徐健庵改定，便不称旨，满汉俱归其门。健庵竟与北门（明珠）斗财力，势均力敌，莫如之何”❸。史载徐乾学权力欲极强，为获取权力常常不择手段。对此，其同僚李光地在《榕村续语录》中多有论及。“本朝掌院大拜者多，故徐健庵切切图之。”❹ 孙在丰、叶方蔼、汤斌等都曾受到他的排挤。尤其是叶方蔼，他做翰林院掌院学士时，曾对汤斌和徐乾学的学问做过评价，康熙听后：“问健庵之意少歇。徐大恨叶子吉（叶方蔼），遂大用功夫，而叶子吉赶出为刑部侍郎矣。”叶方蔼“遇此，痛哭而出，不久死矣”❺。叶方

❶（美）恒慕义．清代名人传略［M］．青海人民出版社，1990.
❷ 赵翼．檐曝杂记：卷二［M］．文海出版社，1973.
❸ 李光地．榕村续语录：卷十三．本朝时事［M］．陈祖武点校．北京：中华书局，1995.
❹ 李光地．榕村续语录：卷十四．本朝时事［M］．陈祖武点校．北京：中华书局，1995.
❺ 李光地．榕村续语录：卷十五．本朝时事［M］．陈祖武点校．北京：中华书局，1995.

霭与徐乾学为同乡，康熙十七年（1678）十二月任翰林院掌院学士，二十年迁刑部右侍郎，次年四月卒。从时间上看，李光地的记载应该属实。而且，据李光地的记述，汤斌的失势也是徐乾学诬陷所致。[1] 排除异己，参与党争的结果，终于使徐乾学仕途达到了顶峰。然而卷入党争的政治旋涡，也最终断送了他的前程。明珠党许三礼于康熙二十八年十月的两封参劾奏疏，康熙虽未加处分，但示意乾学致仕，准其回籍之请，并命他携带未编完的书籍回家，乾学的仕途由此结束。

纵观徐乾学一生，以科举出仕，以学识翘首于士林、取信于皇帝；以攀附奉迎、结党排异获得重权；以尊孔尚儒、晓通经礼迎合朝廷；却终因朋党之争而遭落职回籍。他正是当时一部分江南汉族知识分子的代表。他们的父辈经历了明清鼎革、沧海桑田，新朝的科举政策给了他们复兴的希望，于是刻苦攻读，求取功名。入朝之后极尽钻营以实现其政治理想。只是有所得必有所失，钩心斗角确实能得以高升，但同时也易身受其害。

徐元文性格与乃兄大不相同，刚毅、正直、谨礼法，时人对比二人称："尚书（乾学）和易而公（元文）严毅也。"[2] 有一事可见二人之不同。元文宾客中有一沈生，为其表弟。一天询问元文："某总兵得罪，出重宝求免死，公能一援手乎？"元文默然良久，忽变色曰："咄！汝非好人，速去毋污我！"沈生大窘，连夜投靠了徐乾学，并告知原委。乾学却说："诺在我而已。"后来，总兵

---

❶ 据《清史稿》"汤斌传"所载，汤斌是被明珠、余国柱所构陷，与李光地在《榕村续语录》中所说相异。笔者认为，李光地的记载比较可信，因为当时康熙常把徐、汤二人作比较，徐乾学唯恐汤斌出于其上，客观上"必挤之。下石即发动海关事"。即康熙二十六年（1687）徐乾学借汤斌在江南文告中"爱民有心，救民无术"之语，指其"谤讪朝廷"，"日与一二知己讥议朝廷"，发其文告于康熙，却告诉汤斌其文发自明珠。乾学为人可见一斑。

❷ 韩菼.《含经堂集》附徐公年五十八状［M］.

果然免死。[1] 想来定是乾学之功。徐元文对亲戚尚且如此不留情面，对外更是如此。据韩菼回忆："公在台时遇法司会议，刑部送稿至有不当，即据事理驳回，必平允乃已。"[2] 康熙将其升为刑部尚书十日后又改为户部尚书，天下大计都本于此，可见对其重用，想让他整顿管理。而徐元文到户部也一样，"反复驳查索贿以千万计，外吏尤畏之"[3]。他一身正气，又深得皇帝宠爱，上疏言事，无所避讳，即使事关八旗也如此，如窝藏逃人之事、八旗家奴多死伤之事，元文均直言陈述，同僚都为之咋舌。他遇事严肃认真，相信自己的判断，从不随声附和。云南平定后，大臣们大多歌功颂德，只有元文上疏提醒皇帝："勿独目前之浅图，务培国家之元气；……振纪朝纲，端正教化，厉行廉政，节俭厚俗……"当时同僚都提醒他最好不要上此疏，过于直接，他不听，康熙帝最终接受了他的建议。当府部院寺笔贴式近三千人请求开例捐纳州县时，只有徐元文反对。同僚劝他时，他竟然说："诸公既不以为然，予当别为一议耳。"同僚不得已，最后都听从了他的决议。[4] 徐元文的公正廉洁，朝中闻名，即使官至大学士，"无毫发计较趋祸福利害之私……风别清浊，慎持大体……"[5] 据记载，靖南王耿继茂仰慕徐元文大名，想馈赠他两千两以求一见，但遭到他的拒绝。[6] 康熙时元文被人们称之为"仁人君子"[7]，可见评价之高。然而终因敌党明珠一派的两江总督傅拉塔于康熙二十九年的参劾而

[1] 李桓．国朝耆献类征初编：卷九．宰辅八［M］//周骏富．清代传记丛刊．明文书局．

[2] 陆言．政学录初稿：卷四．名人类［M］．明文书局，1985：223.

[3] 陆言．政学录初稿：卷四．名人类［M］．明文书局，1985：233.

[4] 梁章钜．天朝臣工言行记：卷七．名人类［M］．明文书局，1985：343.

[5] 韩菼．资政大夫文华殿大学士户部尚书掌翰林院事徐公元文行状［M］//钱仪吉．碑传集．卷12.

[6] 王炳燮．国朝名臣言行录：卷六．名人类［M］．明文书局，1985：349.

[7] 陈康祺．郎潜纪闻初笔：卷四．"昆山三徐"条［M］．中华书局，1997.

休致回籍。徐元文虽然不招权竞利，无奈其兄乾学树敌太多，所以必然也是打击的对象。为时人盛传一时的是徐元文回家途中舟过临清，官吏极尽勒索，结果只看到数千卷图书和朝廷发的光禄馔金三百而已。足可见其公正清廉。

一母同胞，同为朝臣，徐元文却与兄乾学大不相同。他是另一类汉族知识分子的代表。生于新朝之下，胸怀治国安民的政治理想。一方面为朝廷蓬勃向上的生机而欣喜，另一方面又为“道之不行”而忧虑。既积极拥护清朝的统治，又忧国忧民，寻求实现其社会理想的良方……，凛然一身正气，自成一家之言，深得统治者信赖，亦得同僚敬畏。然而封建社会的上层就是一个大染缸，虽然在其中濯清涟而不染，却难免受到各种各样的牵连诋毁，触犯莫名其妙的利害关系，终于落职而返。

徐秉义为人恭谨，曾被康熙时的士人评为“正人君子”。[1] 康熙二十一年（1682）通籍，兄弟三人中，徐秉义选择了乞假归里，可见一斑。康熙三十九年，徐秉义奉命与刑部侍郎绥色一起调查山陕盐商案，处置完后因拟罪失当遭到皇帝的诘责处分。当时同僚都提醒秉义，皇帝只是为绥色专断独行而发怒，只要他据实奏辩就可以免除处罚。可是徐秉义却回答：“与人共事而独避其咎，我不为也。”结果部议落职。[2] 他谦和谨慎，在朝默默无闻，与人无争；在乡则潜心研习，与名儒探讨经史大义。因此，基本没有宿敌，甚至其兄的政敌在康熙二十八年参劾徐乾学时亦称赞他“文行兼优，实系当代伟人……乞即召用，以佐盛治。”[3] 徐秉义再次出仕后，官至内阁学士兼礼部侍郎，直到 72 岁高龄才告归故里。

---

❶ 陈康祺．郎潜纪闻初笔：卷四．“昆山三徐”条［M］．中华书局，1997.

❷ 昆新两县续修合志［M］．光绪庚辰年重修．

❸ 满汉名臣传．三．徐乾学传附［M］．黑龙江人民出版社，1991.

第二年（康熙四十四年）春康熙南巡时，赐秉义御书“恭谨老成”匾，并且特意署上秉义的爵里姓名。[1]

徐秉义亦是一类汉族知识分子的代表。他们以学识闻于朝廷，以恭谨立于同僚，老老实实做学问，正正规规做政治，不结党，不攀附，谨于行，慎于言，洁身自好却未必勇于言事，默默为官却很少出谋划策。对于他们，清统治者既放心任用，却又不能委以大用，其生性太过谨慎而已。

3.2.2 宦海沉浮：不是宿命的宿命

徐氏三兄弟虽然秉性各异，政治行为不同，属于江南汉儒的三种类型，但作为封建王朝的官僚，特别是满族这样少数民族建立的封建王朝中的官员，又有许多相似之处值得研究。

其一，相似的社会理想。中国士人向有“达则兼济天下”的优良传统，出将入相是读书人最高人生境界，“穷则独善其身”，则是迫于无奈。作为封建时代的官员，他们当然都恪守传统的儒家道德规范，以孔门四科（包括德行、言语、政事和文学）为标准。一方面，对君主绝对的效忠做到忠君爱国；另一方面，通过立德、立言、立功来体现自己的价值，即达到修身、齐家、治国、平天下的境界。

其二，相同的契机。顺康之际对江南汉族知识分子的拉拢扶植，为南方汉族士人提供了参与朝政的机会，他们纷纷参加科考，继续传统的“学而优则仕”之途，以实现其政治理想。

其三，相似的处境。以满洲贵族为代表的清政权中处处体现着首崇满洲的原则，对汉官的排挤和制约是显而易见的。虽然顺康二帝一再强调“满汉平等”、“满汉一家”，但他们对这些江南汉

---

[1] 赵尔巽．清史稿：卷二百七十一．列传58．徐乾学传［M］．中华书局，1977.

官始终存提防之心。正如顺治帝在任珍一案[1]后怒斥陈名夏等汉官说："本朝之兴，岂曾谋之尔汉官辈乎？"[2] 对江南士人的拉拢扶植，只是源于清初进一步安抚南方的需要；对江南汉官的启用提拔，也是源于江南文人世代积淀的治世经验与较高的文学素养。但他们绝不可能让这些汉官长居政要，久柄重权。当时徐氏兄弟二人同为尚书，可谓鼎盛之至，然而前后不过半年时间，即先后休致。其原因虽然是政敌参劾，但统治者的态度才是真正的关键。恩威并施，刚柔相济，对江南汉儒既要适时扶植，又要随时打击，这完全取决于统治者的需要。所以，对这些欣欣然参加清朝政权的江南汉官而言，可能今日还官高位重，备受恩宠，明日就有可能招致贬谪杀身之祸。他们不过是清政府手中的一枚棋子，其宦海沉浮完全取决于被需要的程度。

Ⅳ. 历史的思考：顺康之际江南知识分子的历史命运

4.1 艰难的抉择：鼎革之际汉族士人的心理路程

面对明清易代，汉族士人无论从整体而言，还是从个体而言，无论是心理上，还是感情上，都经历了复杂的变化，最后艰难地作出抉择。而且，江南士人由于出生的先后不同，经历不同，其心态就不同。历史归属感不同，所作出的选择也不相同。有人选择坚

[1] 顺治十年，汉军总兵官任珍因擅自杀家人而遭贬谪，家婢控告他居家怨望。顺治命九卿科道议罪。朝中满洲官员认为应当处死，陈名夏、陈之遴等27名汉官却认为任珍不承认就不能定罪。顺治见满官、汉官各持一议，大怒指斥汉官沿袭明代，结党纳派，对27名汉官都进行了处罚。

[2] 清世祖实录：卷七十四［M］. 顺治十年（1653）四月甲辰，中华书局影印本，1985.

决抵抗，有人选择默默观望，还有人选择与清廷积极合作。也有人随着时间的推移，不断调整——先抵抗后观望，最终选择合作。

那些生于明末亲身经历了明朝灭亡的江南士大夫，在新朝建立后，内心经过复杂的矛盾斗争，往往做出三种不同的选择。

一部分人选择抵抗，终生不与清廷合作。只是反抗的程度稍有不同：最初是坚决抵抗，直接参与反清的活动，后来则随着时势的发展，渐渐转为消极抵抗，如顾炎武，如万寿祺。顺治二年（1645）清兵入关、南明福王政权建立后，顾炎武即出任福王的兵部司务，继续抗清扶明。第二年，清兵南渡过长江后，松江、嘉庆、昆山都爆发了激烈的抗清斗争。顾炎武也起兵于昆山，但到昆山城陷后，兵败而逃。当时死难者四万余人，其中包括他的两个弟弟。他的嗣母王氏誓与城共生死，昆山陷落后绝食 15 天而死。而且临终还给他留下遗言："我虽妇人，身受国恩，与国俱亡，义也。汝无为异国臣子，无负世世国恩，无忘先祖遗训，则吾可以瞑于地下。"❶ 国恨家仇，嗣母遗言，使顾炎武终生都保持了不与清廷合作的态度。他不与清代官员往来，甚至在康熙年间其三个外甥——"三徐"居于清朝显官之际，也极少与他们走动。康熙十八年（1679），清廷特开博学鸿儒科，征海内名士以撰《明史》。熊赐履和叶方蔼都有举荐之意，顾炎武以死相辞，"七十老翁何所求？正欠一死！若必相逼，则以身殉之矣"❷。他不与清政府合作的立场十分明确，甚至在徐乾学坚持邀他去作客时，都拒绝饮宴，以示不食清禄之义。他一生游历，不归故里，也反映出他渴望逃离一个令他窒息的现实：明朝确已不复存在。又如万寿祺，明代孝廉，江苏著名文士，参与陈子龙在松江的起义，后被捕入狱。到

---

❶ 顾炎武．亭林余集．先妣王硕人行状［M］//顾亭林诗文集．中华书局，1959：165.

❷ 顾炎武．亭林文集：卷三［M］．上海：中华书局，民国间（1930—1931）．铅印本．

顺治三年（1646），他像当时的许多儒生一样，选择了抛却浮世遁入空门，自名明志道人。但他依然喝酒吃肉，被同时代人视为异类。他一边穿着儒生的衣服，一边又戴着僧人的帽子，蓄着胡子不加修饰，故意让脸显得尖瘦异常，让人感到怪诞。[1] 万寿祺这种不伦不类的外貌，象征着那些在江南的征服中想方设法活下来的大多数文人的命运：其儒生装束使人想起了他曾经是明朝的一个监生，并为这个王朝揭竿而起的历史；他的僧人帽子表明了他目前的处境及他为自己的忠君行为所付出的代价。后来，他又搬到浦西与江南诗友共渡遁世生活。顾、万等汉族士人在清代仍然祭拜明代帝王陵墓，始终以明朝臣民自居，他们的历史归属感也决定了其历史选择和命运。正如万寿祺临终遗言："梦千重，家万里，流落天涯，日月秋光起，今是何年浑不记，墙角多情，犹挂崇祯历。"[2] 这些知识分子的故国之思与不合作态度，换来的是个人失望的梦魇和家族得不到振兴的结局。

另一部分人随时间的推移、形势的发展、认识的变化，其选择亦随之变化。他们起初坚决抵抗，后来默默观望，对清政府的合法性呈默许认可态度，最终发展到与清政府合作。如黄宗羲，如吴伟业。

万寿祺书画

黄宗羲在顺治二年（1645）清朝进军江南之际，参与了长达八年的浙东抗清斗争，在其家乡组织的义军被人称为"世忠营"。

---

[1] 万寿祺．隰西草堂集．第二卷［M］．民国二十一年、二十二年（1932，1933）．北平刻本．

[2] 万寿祺．隰西草堂集．第四卷［M］．民国二十一年、二十二年（1932，1933）．北平刻本．

顺治三年和顺治六年他两入鲁王政权，任兵部职方司主事和左副都御史，结果遭到清廷的通缉。直至顺治十八年南明永历政权覆亡，黄宗羲才结束了旅居生活，致力于讲学、著述事业，但他并没有完全脱离政治。他与清廷的关系，由对抗、不合作到基本顺从，这种变化在其政治意识上亦有所反映。从顺治年间到康熙初年，他对清统治者有的只是强烈的民族仇恨，不仅在行动上进行武装反抗，而且在《留书》、《明夷待访录》等著作中也进行激烈的批判。然而到了康熙时代，随着清政权的日益巩固，以及康熙对汉族知识分子采取的笼络扶植为主的政策，都对他起了潜移默化的影响。康熙十六年（1677），侍读学士叶方蔼赋诗建议他结束隐居出仕清廷时，他还严词拒绝。两年后，清朝开馆修《明史》，征聘顾、黄等遗老，黄宗羲以“国可亡，史不可亡”，支持弟子万斯年“以布衣参史事”，但临行告诫“太平有策莫轻题”，表明其不与清廷合作的初衷。但到了康熙十九年，徐元文极力举荐黄宗羲参与修史，康熙下旨浙江督抚“以礼敦请”之时，他虽托病力辞，但感觉已不太反感：“羲蒙圣天子特旨召入史馆……时以老病坚辞不到，圣天子怜而许之。”这较之《留书》中骂清统治者为“夷狄”、“虏酋”，已大不相同，并且派遣自己的儿子黄百家到明史馆去修史。与顾炎武不同，他虽然和明代遗民往来密切，但和钱谦益、昆山“三徐”等清代官员也来往频繁。康熙二十六年，他给徐乾学的信突出反映了对清统治者态度的变化：“今圣主特召入参密勿，古今儒者遭遇之隆，盖未有此，五百年名世，于今见之。朝野相贺，试目以观太平……”他还为儿子向徐元文谋职，致信曰“昔闻首阳二老，托孤于尚父，遂得三年食薇，颜色不坏。今吾遣子从公，可以置我矣。”[1] 由此可见黄宗羲对清朝态度的变化。但传统的抨击他变节的说法[2]也有失偏颇。因为在他晚年，复明已绝对无望，而康熙的文治武功又确实值得称道，清朝对江南汉族知识分子的一系列笼络政策，已使江南基本没有什么抵抗的激情，完全被“学而优则仕”、参加科考的热潮所取代。这样的大环境，也不能苛求黄宗羲的现实主义态度。

黄宗羲像

再说吴伟业（1609—1672 年），江苏太仓人。明崇祯四年（1631）一甲二名进士，在南明政权中官至国子监司业。当他得知崇祯皇帝死讯时曾认真考虑过自杀，只是由于他母亲的担心：“儿死，其如老人何？”才没有悬梁自尽。[3] 到顺治朝返回太仓隐居。顺治九年（1652），江南总督马国柱举荐他到京城，他以病拒绝。1653 年初，孙承泽再次向康熙荐举吴伟业时，称他为东南最有才能的名士之一。这一次，他表面不置可否，但想法已有变化。1654 年 5 月，在陈名夏、冯铨、吕宫等人的联名荐举下，他受命任职于清朝的秘书院，后任国子监祭酒，负责编著《孝经》和太祖太宗的《圣训》。就这样，他由不仕清朝的抵抗态度到观望事态发展，最后合作归顺。但归顺清朝却使吴伟业等江南文人深怀负罪之

吴伟业像

[1] 黄炳厚．黄梨洲先生年谱［M］．上海扫叶山房，民国十六年（1927）：37．铅印本．

[2] 章太炎和陈寅恪都对黄宗羲的晚节颇有微辞。见《太炎文录》卷Ⅰ（上海，右文社）和《柳如是别传》下册 844 页（陈寅恪，上海古籍出版社 1980 年）。

[3] 马导源．吴梅村年谱［M］．上海：商务印书馆，1935：43．

感，内心的抑郁常在其诗中得以体现："故人慷慨多奇节，为当年沉吟不断，草间偷活……" 因为他许多同窗好友都在1644—1655年以身殉国，而他却没自杀。"故人往归燔妻子，我因亲在何敢死？憔悴而今困于此，欲往从之愧青史。"❶ 传统的封建节义观与现实的选择使其心灵备受熬煎。

还有一部分人选择与清政府合作，甚至从清朝建立伊始。北京和南京陷落后降清的那些汉族官僚，就不乏江南汉族知识分子，见在北京降清的明代南方籍文官表和在南京陷落降清的明代南方籍文官表所示。

在北京降清的明代南方籍文官表

姓名	明代官职	省籍
陈名夏	给事中	江苏
柳寅东	御史	四川
方大猷	分守道丞	浙江
陈之龙	分守道丞	江西
龚鼎孳	给事中	安徽
李云鼎	太常寺少卿	江西
熊文举	吏部郎中	江西
叶初春	工部侍郎	江西
徐一范	吏部郎中	江苏
曹溶	御史	浙江
胡世安	少儋事	四川
金之俊	兵部侍郎	江苏
李鉴	宣化巡抚	四川
陈之遥	编修	浙江
吴伟业	少儋事	江苏

❶ 吴伟业．吴梅村诗集笺注．北行前后诗・遣闷诗［M］．程穆衡原笺．上海古籍出版社，1983．影印本．

在南京陷落降清的明代南方籍文官表

姓名	明代官职	省籍
钱谦益	礼部尚书	江苏

资料来源：孙甄陶《清史述论》第21－25页，及《贰臣传》。

对这些前明官僚而言，使中国的封建传统道德所要求的忠节与在清廷中就职这二者协调起来，当然是困难的。然而清政府给他们“投诚即得以保全，官复原职”的允诺又使他们感到绝处逢生。所以在传统封建忠节观与现实抉择发生冲突时，便选择了与清政府合作，继续自己的官宦之途。值得一提的是北京陷落后降清的江苏文人金之俊和南京陷落后降清的钱谦益。

金之俊，1619年进士，崇祯皇帝的最后一位兵部侍郎。他降清后迅速官复原职，并参与了清朝制定的大赦政策，即清政府所许诺的地方官员归降就恢复原职，甚至官升一级，照旧录用的大赦政策，[1] 他登录了所有的前明军官，并推荐他们到新政权任职。

钱谦益（1582—1664年）降清后也充当了这样的角色。他是明万历三十八年（1610）进士，南京政权中官至礼部尚书。南京陷落后钱谦益本人对自己另投新主也矛盾不已，这当然是当时与清政府合作的汉族知识分子的普遍心态。当他看到被拘押在多铎军营中的弘光皇帝时忍不住失声痛哭，在其故主面前一跪不起。[2] 但他又安慰自己：只有他这样的大臣情愿不顾名节与敌人合作，其他故国人才得以保全，他为非暴力平定江南所付出的名誉代价其实是他自己的光荣，他可以保护那些被怀疑忠于明朝的文友们。而且只有他个人的保全，家庭、亲人才能保全，才能让治国为民

[1] 清世祖实录：卷五［M］．中华书局影印本，1985：51－52.

[2] 葛万里．钱牧斋先生遗事及年谱［M］．1917：21；沈云龙．近代中国史料丛刊：卷七百零一［M］．1971 台北重印．

的思想得以实行。

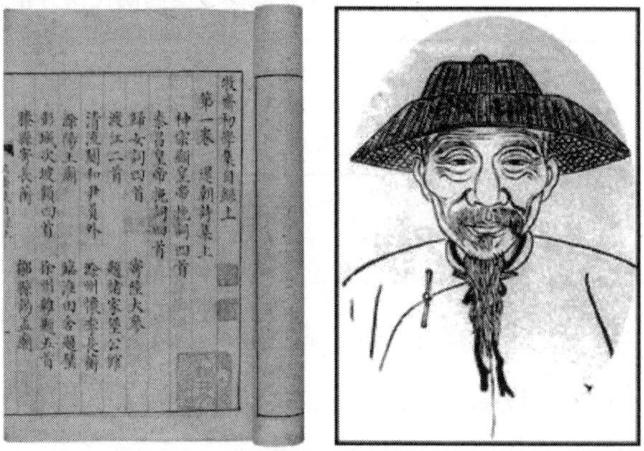

钱谦益著作及肖像

金、钱二人和其他与征服者合作的江南汉族士人，都用这种方式自慰并为他们的变节行为辩护。他们这种羞耻与骄傲的复杂情感，是当时与清政府合作的江南汉族知识分子的普遍心理。

总而言之，这些明代中举或出仕、亲眼目睹明朝灭亡、亲身经历明清鼎革的江南士人，面对清政府采取的一系列笼络策略，内心经过激烈的矛盾斗争，历经复杂的心理路程，最终作出艰难的抉择。

而那些出生于明朝最末期、成长于清朝初建之时的一代江南汉族知识分子则不同。其一，他们未受明朝任何惠泽，因此对旧朝没有什么感情，只残留上一辈记述的一些回忆。其二，顺康以来的文治武功，已使新朝呈现出比较安定、繁荣的气象，致使那些明代遗民也不可否认，所以他们自已虽然坚守忠节，不仕清朝，但已不再阻止其后代参与朝政。如黄宗羲，甚至还致书于徐元文，为其子在《明史》馆谋一个职位。其三，清政府广开科举，极力笼络江南文人的举措，读书人“学而优则仕”的传统认识，以及儒家经世致用治国安邦的社会理想，使这一代大多选择了与清政府合作，以求取功名和利禄。如昆山徐氏，其祖上虽也是明朝官宦，但到17世纪20年代出生的“三徐”这一代，已对前朝没什么依恋，虽然其母舅是坚决不仕清朝的顾炎武，但这丝毫不影响他们参加科考、入清为官的选择。而且，当时的人们也已注意到了这一代或者说是明遗民的下一代江南士人参加科考的意愿。据陈确（1604—1677 年）记载："甲申之后，吾辈出身求试者盖寡，然子裔渐就试焉。"戴名世（1653—1713 年）也说："自明室颠亡，东南旧作宦者多以节气，不愿出仕矣。然其家室子弟仍以学为业，求科举功名如旧，多不以为耻。"❶

4.2 翻云覆雨：清王朝对汉族知识分子的统治策略

4.2.1 适时拉拢扶持

清朝以少数民族入主中原，强大的军事优势使北方迅速平定，然而南方的抗清斗争却此起彼伏，越演越烈，严重影响了清朝的大一统进程。面对江南众多明朝臣民抗清的坚决斗争，面对南方汉儒排夷攘狄的传统心态，面对文化气息浓郁、家国观念强烈的江南民众的反抗潮流，清政府意识到，必须采取一些特别的统治策略，以安抚南方，稳定这一重要的半壁江山。范文程等汉臣的建议："治天下在得民心，士为秀民，士得，则民心得矣。"❷ 这也提醒了清统治者："政治权威需要一种最基本的合法性与支持，而这主要来自知识分子。"❸ 所以，他们决定拉拢扶持那些愿意与清政府合作的江南知识分子，并树立一个宽厚仁慈、求贤若渴、勤政爱民、欲以儒家的仁义之道治理国家的贤德君主的形象，从而扩大清朝的统治基础。

于是，以昆山徐氏家族为代表的一批江南科举家族应运而生。

---

❶ 何冠彪．论明遗民的出仕［M］．台北学生书局，1991：23.

❷ 赵尔巽．清史稿：卷二百三十九．范文程传［M］．中华书局，1977.

❸ 艾森斯塔德．帝国的政治体系．阎步克译［M］．贵州人民出版社，1992：233.

清初频频举行的科举考试，使自古以来重视文化教育的江南地区的士人屡屡及第，登科入室。“三徐”在几年之内的先后高中使昆山徐氏迅速兴盛。顺治、康熙两朝的重用也使他们在朝中步步高升，官运亨通。为什么昆山徐氏成为清政府的选择之一呢？可能鉴于以下几个方面的考虑。

第一，昆山徐氏在明代就有一定的影响，其祖上就有人出任明朝官员。而“三徐”不仅其母舅是坚决不合作的明朝遗民顾炎武，他们本身由于学术交往也与大批明朝遗民有千丝万缕的联系。故而拉拢扶持徐氏兄弟，在潜移默化之中也会冲淡那些怀旧的晚明之士对清朝的敌视。如前文提到的徐乾学幕府，其幕僚中明朝遗民不少，正是徐氏兄弟与晚明之士的通力合作，才成就了价值极高的《明史》。关于这一点，笔者同意王嘉川先生的看法，清政府之所以于康熙十八年破格任命[1]内阁学士徐元文充任《明史》监修，既是由于他的才干，更是由于他与明代遗民学者联系密切，便于清廷更好地借纂修之机拉拢这些江南汉族的学界名流，消弭他们的抵抗情绪。这也是编《明史》初期，徐元文提出的“征遗献、聘请明代学者参与修史”的建议在六部未通过，却得到了最高统治者康熙批准的原因。

第二，“三徐”自幼刻苦攻读，文底深厚，可以胜任朝中的政务，特别是文职方面的事务。他们广博的学识，又可以为统治者提供许多历代治世的宝贵经验。

第三，“三徐”交游广泛，声名远播，其科考入仕后清朝即委以重任，无疑会产生极大的社会影响，美化清朝在汉儒尤其是江南汉儒心目中的形象，使更多的江南士人主动参与到清政权中，

---

[1] 清代以及以前，按照常例都是任命勋臣或阁臣充监修，如韩菼在《徐公元文行状》中所说：“学士充监修，非故事也。”

从而扩大清政府的统治基础。

第四，徐氏兄弟本身的态度也很关键，他们纷纷参加科考，所表现出来的一种与清朝积极合作的态势，也是清政府确定加以笼络扶植的原因。

4.2.2 随时镇压打击

在清政府的有意扶植之下，昆山徐氏等江南家族迅速兴盛，南方官员在朝中的势力也不断增大，成为与满族官僚、北方官员并列的一派，号称“南党”。然而，对封建王朝的最高统治者而言，最反对的就是官僚结成朋党，以集团的形式联合威胁皇权，尤其是鉴于明末党争的教训。因此，顺治、康熙曾多次训诫臣僚。顺治帝就曾痛斥陈名夏等大臣“溺党类而踵敝习”[1]，并且三令五申要铲除朋党恶习。康熙帝也曾特别指出：“凡为臣者怀挟私意，互相陷害，自古有之。不但汉官蹈此习俗，虽满洲大臣亦行此陷害之事……”[2]“如或分离门户私植蠹国害政，终必祸及身家……尔等臣工理宜痛戒!”[3] 其实对于封建官僚而言，结党是其立身于朝野的重要手段，不管是满是汉，只要封建专制体制存在，官僚结党就是必然的。前文已提到，徐乾学初入朝时依附于明珠一派，而后势力渐强，遂自成一派，“方其盛时，权势奔走天下……主持风气，登高而呼，衡文者类无从而附之”[4]。“明珠竟罢相，众皆谓乾学主之。时有南北党之目，互相抨击。”徐乾学、高士奇、熊赐履等江浙籍的士人即为“南党”，而“尚书科尔坤、佛伦，明珠党

[1] 清世祖实录：卷七十四［M］. 顺治十年（1653）四月甲辰，中华书局影印本，1985.
[2] 邓之诚. 清诗纪事初编：卷三. 汪琬条［M］. 中华书局，1965：321.
[3] 康熙起居注. 第一册［M］. 康熙十六年（1677）十月甲辰，中华书局，1984.
[4] 赵翼. 檐曝杂记：卷二［M］. 台北：文海出版社，1973.

也，乾学遇会议会推，辄与龃龉”[1]。由此可见当时党争之激烈。而清朝与历朝的不同之处还在于又加入了满汉民族矛盾的因素，从而使党争更具复杂性。当时，“六部虽然设满汉复职，但长期实权操于满官之手”[2]。时人评论亦如是：“大学士备位，不问政事，虽各兼部务，亦见夺于满尚书，间有建白，无关大政。……仅以文学备顾问，暇则结纳名士，竞尚诗文。”[3] 所以，汉族官僚若想立朝，则集结成党，以与满官相抗衡，且在许多问题上相互斗争。据学者研究，康熙年间的官僚集团主要分为三个，即以明珠为代表的满族官僚集团，以于成龙为代表的汉军集团，以及徐乾学、高士奇等人所结成的江浙集团。[4] 现在也有一些学者称徐乾学、高士奇这一派为“江南士绅集团”[5]，他们对江南的半壁江山举足轻重。朝中的这些集团之间既有联合，又有斗争，完全取决于个人利益。而顺治康熙二帝为了国家的长治久安，也必然重视各个集团的发展变化以及相互斗争。正如谢国祯所评价：“玄烨是一个比较英明的皇帝，他看问题很清楚，自以为智珠在握，通达事故，群臣钩心斗角之计都在吾掌握之中。他反利用他们的倾轧来刺取汉人的情势。”[6] 所以清廷对各个集团时而奖宠，时而贬斥，恩威并施。对他们之间的斗争往往加以利用，以保持朝中满汉大臣之间及南北方汉族官僚间的一种平衡。康熙中期以徐、高为首的“江南士绅集团”的失势，就是康熙的偏向性在徐党与明珠党的斗争中起了

---

❶ 赵尔巽．清史稿：卷二百七十一．列传 58．徐乾学传［M］．中华书局，1977.

❷ 蒋良琪．东华录．康熙朝：卷八十三［M］．中华书局，1980.

❸ 梁清标．蕉林诗集．四．真定梁氏［M］．清康熙十七年（1678）．刻本．

❹ 刘凤云．试论康熙中期官僚集团的党争．清史论丛［M］．中国广播电视出版社，2002.

❺ 杨海英．康熙博学鸿儒考［J］．历史档案，1996（1）；又见范金民．清代江南进士事功述论．清史论丛［M］．2003—2004.

❻ 谢国祯．明清之际党社运动考［M］．中华书局，1982.

决定性的作用。此外，清政府还擅长借奏销案[1]、科场案[2]、通海案[3]、明史案[4]对江南汉族知识分子大肆镇压[5]。奏销本为政府日常政务，以整理赋税，清理积欠。治理科场，杜绝舞弊本身也是正常之举。但清廷借此兴起大狱，实际是借机整治江南地主缙绅，使之在经济领域和政治领域都俯首听命，不再对抗。“通海”之说也是“欲加之罪”，试想郑芝龙已降清十余年，与郑成功抗清并无干系。处斩郑芝龙，实际上是对江南汉人降官的一个威慑。“明史案”是因修史触犯禁忌而兴起的大狱，开创了有清以来第一次大规模的文字狱，其宗旨在压制江南汉人的反满思想，控制文士的舆论，平息江南乃至全国汉族知识分子在思想领域的对抗。

另一方面，清朝作为少数民族建立的政权，始终对汉族官僚存戒备之心。对“三徐”等江南汉儒所谓的宠信、重用，实质上还是“以汉治汉”政策的延伸，用以弥补满族与汉族相比的文化劣势，消弭汉儒头脑中华夷有别的观念。所以，朝臣之中声势过于显赫者便成为打击的对象，正如康熙初年的昆山“三徐”，权倾

---

❶ 顺治十八年（1661），朝廷下严旨限令地方官催征赋税。六月，江宁巡抚朱国治疏奏苏、松、常、镇四府抗欠钱粮缙绅13517人，衙役254人。朝廷命将现任官员降二级调用，在籍绅衿按名黜革，秀才、举人，进士，凡钱粮未完者，皆被革去功名出身，衙役照赃治罪。其中3000余人被逮捕，械送刑部议处，次年五月才放还。这就是震动江南的“奏销案”。前篇中所述秦氏也曾受此案牵连。

❷ 顺治十四年（1657），顺天乡试，与试生员4000人，贡监生1700余人，中额只有206名。因名额有限，考生四处钻营。考官也想借此机会交结权贵，密许已达千人。榜发后，众考生哗然，有人状告考官科场舞弊。顺治帝此次兴起大狱，考官及中试者30多人被流徙，江南案中有19人被处死，8人被流徙，其中大部分为江南名士。

❸ 所谓“通海案”，就是指暗通“海匪”郑成功的案件。顺治十六年，郑成功领兵直抵长江，攻下镇江，进至南京城下。沿涂汉人士民纷纷来附或持酒犒师。郑成功败退后，清朝追究迎附郑军的官民，处死、流徙达千余人，并于顺治十八年十月，斩郑芝龙及子世恩、世荫，依谋叛律，族诛郑氏二百余人。

❹ 江南富户庄廷鑨购得明代天启朝内阁大学士朱国帧所著明史稿本，续补天启、崇祯两朝事，于顺治十七年（1660）由庄廷鑨署名刊刻。被罢免的归安知县吴之荣告发，庄家以重贿得免。吴于康熙元年（1662）二次告发到刑部。结果将购书、校勘、刻工、刷匠以及办理此案的一批汉官一并治罪，处死70余人，充军者数百人。

❺ 戴逸．简明清史．第一册［M］．北京：人民出版社 1980：269.

朝野，而以他们为核心的江南士绅集团又在南方联系广泛，举足轻重。因此，其政敌的攻击无意中符合了清统治者的本意，从徐乾学回籍开始，徐氏日渐衰落。

总而言之，昆山徐氏在顺康之际骤然兴起，然后又悄然衰落，有其偶然性，也有其必然性。

其必然原因在于，顺康之际久难平定的江南半壁，令清政府不得不采取专门措施，扶植那些愿意与清朝合作的江南士人。而昆山徐氏积极参加科考、出仕新朝的历史选择又使其成为这一特定历史时期、特殊统治政策之下的合适人选。于是，从顺治十六年徐元文高中状元后，徐乾学和徐秉义也相继中了进士。“三徐”的仕途生涯随即开始。在清廷的着意扶植之下，徐氏兄弟倍得恩宠，步步高升，终于在康熙二十八年（1689）徐乾学、徐元文兄弟并任尚书之时达于极盛。虽然此前对朝中官员的通籍，已使徐秉义回归故里，但徐氏党人日渐强大的声势，和朝中暗暗激烈的党争，都引起了康熙的注意。在封建政治中，党争中的人之所以失败，除了来自同僚的倾陷之外，更主要的是失宠于皇帝。徐乾学、徐元文先后致仕就是明证。明珠派官员许三礼参劾徐乾学的奏疏，是清廷打击徐党的开始，接着是两江总督傅拉塔的参劾：“奴才自到任后，查访得徐乾学等害民舞弊、贪赃纳贿等十五款。”[1] 也使徐元文被牵连而遭休致。顺康之际徐氏这一清朝一手扶植起来的江南科举世家渐渐失势。

而且，到了康熙中期，清朝的统治已相当稳固，对南方已无须再采取专门的拉拢之策。换句话说，当初为招抚人心、安定社稷而采取的策略，随着局势的稳定已没有施行的必要。昆山徐氏

❶ 中国第一历史档案馆编．两江总督傅拉塔奏陈枉遭江苏巡抚郑端诬陷折［M］//康熙满文朱批奏折全译．北京：中国社会科学文献出版社，1996：24－25.

等江南士人其实只是清政府手中的棋子，需要则置于棋盘之上，不需要就闲置一旁。而皇帝表现于外的则是时而奖宠，时而贬斥，适时拉拢扶植，随时镇压打击。如此恩威并施，实际都是为了维系其统治政权社会基础的稳固而已。康熙十八年（1679）博学鸿儒科的开设以及取中的江南汉儒的最终命运都是明证。此次清廷特开的博学鸿儒，各地荐举近200人，中试者50人。俱授翰林，入史馆修《明史》，是为清初至隆至盛的己未特科。考察一下取中的这50人的籍贯，则南方士人有41人，达到了82%。这当然不能简单归因于江南人杰地灵了，应该说，此时正是清廷拉拢南方汉族知识分子、平定江南半壁江山政策的实施阶段。关于这一点，笔者很赞同杨海英先生的看法。[1]他把这些鸿儒进行分类，有乔莱等明朝故臣15人，汪婉、尤侗等天下耆宿名家11人，王顼龄、秦松龄等清朝新进员棣18人，倪灿等清贫书生6人。以此观之，明朝故臣子孙得仕清朝，昭示天下新朝不避旧嫌；耆宿名家本主昌文盛学，得仕更显示出朝廷尊重传统文化并弘扬光大之决心；孤寒儒士得跻仕路，俨然昭示己未词科延揽人才之广，圣主加恩士子之崇。但随着全国局势的不断稳定，这些鸿儒后来的发展，就整体而言，也日趋灰暗。正如孟森先生所言：盛极一时的鸿儒诸人，曾几何时相继凋谢，有如秋叶萧条，随风飘灭，明史固未修成，“一代伟业”亦成过眼烟云。[2]据记载，除了年老去世的鸿儒外，有不少人非自然离朝。首先离开史馆的是因受明史总裁叶方蔼排挤的汪琬[3]，接着在康熙二十三年（1684），潘耒以浮躁降归，朱彝尊被逐出内廷，秦松龄因为顺天乡试中蜚语告归，张鸿烈以

[1] 杨海英. 康熙博学鸿儒考［J］. 历史档案，1996，1.
[2] 孟森. 明清史论著集刊. 下［M］. 中华书局，1959：495－496.
[3] 邓之诚. 清诗纪事初编：卷三. 汪琬条［M］. 中华书局，1965：321.

越职言事裁抑归里❶。康熙二十四年（1685），张鸿烈卒，庞垲、崔如岳、钱中楷皆降调，先后归田。❷ 康熙二十六年（1687），乔莱罢归。康熙三十三年（1694），邵远平遭斥。❸ 诸江南鸿儒之所以有如此进退，与清朝的局势发展、政策选择息息相关。试想康熙二十年秋，云南平定，“三藩”悉定。到康熙二十三年，台湾亦归属于朝廷，清朝终于实现了举国一统，其统治也进入了一个新阶段。社稷日趋安定，局势不断稳定，统治者已经无须再小心谨慎地继续悬心于江南文人之事了。

除此之外，昆山徐氏等家族自身的发展变化也是其衰落的原因之一。如徐氏家族自从三兄弟并跻通显之后，昆山徐氏已非复旧时，一跃而成为东南望族，科举世家。据清代人说：“昆山钜族，在前明时，推戴、叶、王、顾、李五姓。迨入本朝，而东海氏（徐乾学字东海）兄弟三人并中鼎甲，俱八座，子孙亦取次登第，一时贵盛甲天下，而前此五姓则少衰矣。邑人因为之语曰：‘带叶黄姑李，不如一个大荸荠。’以带音同戴，黄音近王，姑音转顾，脐音近徐，故俗谚云尔。”❹ 但正是这一望族，在昆山鱼肉乡里，为非作歹。康熙二十九年（1690）两江总督傅拉塔疏劾徐元文时，就曾列举了徐氏家族的种种劣行，以及江苏巡抚洪之傑谄媚徐元文，与徐氏子侄交结，招权竞利等情状。❺ 康熙二十一年（1690）傅拉塔甚至在奏折中密陈徐乾学之子徐树穀殴人致死以及徐家“隐瞒田亩，不缴钱粮，以强凌弱，打人致死，刺人致死”等事。❻ 如果说傅拉塔作为徐乾学的敌党而弹劾徐氏兄弟，可以怀疑其奏

❶ 李集，李富孙，李遇孙．鹤征录：卷二［M］．清嘉庆刻本．
❷ 秦瀛．己未词科录：卷二［M］．清光绪重刻本．
❸ 蒋良骐．东华录：卷十六［M］．中华书局，1980：270－271.
❹ 王应奎．柳南随笔：卷六［M］．中华书局，1983.
❺ 清史列传：卷九．徐元文传［M］；清史稿：卷二百七十五．傅拉塔传［M］．
❻ 两江总督傅拉塔密陈于成龙等劣迹满文奏折［J］．历史档案，1996（3）．

折的真实性，那些保存在宫中的有关徐氏家族鱼肉乡里、荼毒人民讼状的档案材料，那些昆山百姓控诉抗议徐氏巨族与省府县官吏勾结，操纵地方，草菅人命，夺人妻女，霸人田房，养奸畜盗，敲诈劫掠的讼状，则是明证。如“窃杀民莫恶于显宦，显宦之恶莫甚于昆山。徐宦掌握朝纲，威钦四海。豪奴倚势，窜虐娄民，族党恃威，海邦天黑”。“一门十五贵，权倾中外，富埒王侯，苞苴通四方，荼毒遍桑梓，种种凶残，罄竹难书。……百姓之焦头烂额，人亡家破者，不知几千万万也。更可骇者，自作恶多端，难以弥缝，计惟杀一仇家庶可威众。于是草菅人命，无所顾忌。”在这些档案中，控告徐家豪奴仗势谋财害民的状子较多，这些豪奴“占人田，夺人房，拆人妻，谋人财，攫肥噬富，罔问国法，假威炙献，何有官常，江南汤火，天日俱昏。……声势赫奕，死生立刺，逼卖田房，勒写借券。……飞殃屠命，害切剥肤，痛心刻骨，历控各宪，官势相庇，沉冤无路”[1]。可见，没有昆山徐氏家奴或后代的放纵恣睢，政敌也不会收集到如此多的不利资料加以弹劾，从而加速了其家族的衰落。

[1] 中国第一历名档案馆．清代档案史料丛编．第五辑．徐乾学等被控鱼肉乡里荼毒人民状［M］．故宫博物院明清档案部．

结语："世"与"不世"的背后

从以上两个江南文化世家的兴衰中可以看出，在传统的中国封建社会，一个家族的兴衰往往是和一个家族的仕宦情况紧密相连的。而仕宦的途径无非两个，一个是武功，一个是文治。武功往往表现于乱世或朝代更迭之时，开国功臣中不乏以武功起家者，但倘或他们不在国运已定之后，特别是在承平日久以后，迅速从武功转为文治，其家族必不能持久。许多靠武功起家的家族，如汉代的窦氏、邓氏等，虽曾显赫一时，但很快就衰落了，很难像一些文化世家那样传之恒久。正所谓的打天下者，坐不了天下。这主要是因为治天下主要靠文治，而非武功。暴力统治必然是短命的，如秦王朝。而文治所需要的人才在隋唐以后的中国封建社会主要是靠科举取士这个途径，因此，科举入仕也就成了古代知识分子孜孜以求的梦想，更是一个家族崛起的希望。无锡秦氏和昆山徐氏走的都是文治的路子，他们的崛起也都和科举息息相关。

无锡秦氏从始迁无锡到明代鼎盛，经过明清替革再到清代的鼎盛期，最终在清朝末年衰落，其兴衰沉浮先后有400余年。秦氏的盛与衰正是在中国这个特定的社会土壤中孕育出来的。在中国封建社会中，一个封建大家族在科举制度下，只要不犯上作乱，不触动封建皇权，就有兴盛的可能，就有维持下去的机会。无锡秦氏的兴盛是由秦夔、秦金的科举入仕开始的。自秦夔在明代开了科举入仕之先后，秦金又开创了秦氏在明代科举入仕的鼎盛时期。此后不断有子孙登科入仕，涌现出了秦耀、秦梁等政绩不凡者。这一局面一直维持到明朝末年。新旧政权交替之际，朝廷无暇顾及科举，秦氏子孙也随着朝代的更迭，处于选择时期。

中国封建时代的知识分子在新旧政权交替之际，总会面临一次新的选择，甚至是心理挣扎。一方面传统的忠孝节义观，在社会舆论和潜意识中紧紧地包裹着他们。作为世受“国恩”的士人，传统的忠孝节义要求他们应为旧朝尽忠，应为旧朝殉节，至少不食新朝之禄，这种传统在商周交替之际的所谓先贤“首阳二老”——伯夷和叔齐就做了榜样。另一方面，这种观望和不合作，往往会造成一个家族在一个阶段的衰落，如果不及时调整，作出新的选择，坚持不与新朝合作，这个家族可能就会在新朝彻底衰落，甚至面临族诛的危险。如明成祖政变时的方孝孺，他带给整个家族的后果就是毁灭性的，被诛了“十族”。这种选择对于传统士人是痛苦的，但又不得不做出选择。利弊权衡的结果是绝大多数人选择了与新朝合作，如钱谦益、金之俊、侯方域等，不合作或“不识时务”者少而又少。无锡秦氏与昆山徐氏只是众多合作家族中的一粟。

清朝建立初期，秦氏经过短暂的观望，很快就作出了新的选择，投身于新朝并参加了新朝的科举。很快，秦鉽就通过科举考试跻身到清政权当中，开创了秦氏清代科举新局面。此后，又有秦仁、秦松龄、秦蕙田等先后成为清朝名宦，秦氏在清代的兴盛远远超过了明代。雍正初年，秦氏虽因秦道然在宫廷争斗中受到牵连，遭到了沉重打击。但在乾隆初年随着秦蕙田考中探花，很快又恢复了往日的兴盛。直到清朝末年，随着清朝国运衰落、科举废止，无锡秦氏也随之衰落了。纵观秦氏的兴衰沉浮，与客观社会环境息息相关，其兴也科举，其衰也科举，科举制度是其兴亡的政治保障。

除了科举制度外，朝廷对待这些士人和文化世家的态度和政策也对这些世家的兴衰起了至关重要的作用，有时甚至是决定性的。昆山徐氏的兴衰恰好证明了这一点。

顺康年间，入主中原不久的清王朝正处于巩固发展的关键时期，内乱初平，百废待兴，故得取民心、发展建设成为国家的重心。而清初的江南，在政治上却是清政府的一块心病。清军刚入关时对江南的武力镇压，激起了江南民众的强烈反抗。加之南方文化底蕴深厚，南方士人华夷观念强烈，更是久久不甘臣服。随着清朝统治的巩固，清统治者逐渐意识到治理江南半壁，恩威并施、刚柔并济方为上策。

一方面，清朝着意笼络扶植江南地区的文化精英——江南汉族知识分子，使他们对新朝心生感激，逐步归心，一步步变成清王朝统治机器的重要构件。具体而言，主要从开科取士开始，从扶植江南汉族儒臣开始。但处于顺康之际的江南士人，由于各自的经历不同，历史归属感不同，对清政府的态度就不同，最终的选择也不同。有的人对清王朝的合法性完全认可，并深受“学而优则仕”的传统观念的影响，所以十分愿意与清政府合作，积极参加科考入仕，如江南昆山的徐氏兄弟。同时，徐氏比较复杂的家庭背景（祖上为明代高官，舅父为明代遗民，反清志士），较大的社会影响，渊博的学识（三兄弟都列一榜三甲），也使他们成为顺康之际这一特定历史时期，实行笼络扶植江南汉儒这一特殊政策的合适人选之一。于是，在三兄弟都高中鼎甲之后，他们顺理成章的入朝为官，且步步高升。而昆山徐氏家族也随之迅速崛起，显赫一时，成为江南有名的科举名门，文化世家。也有的人以明代遗民自居，对清廷始终呈敌视态度，当然更不会出仕清朝，如顾炎武。还有的人一开始对清朝持抵抗态度，但随着时间的推移，渐渐接受了新王朝较为成功的文治武功。只是对前朝的感情使他们自己无法与清合作，但他们已愿意让下一代步入科举之途，服务于清政府，如黄宗羲。

但是，以徐氏家族为代表的这一批科举起家的江南汉官的发展，又使清统治者忧虑。一方面，他们渊博的学识，卓越的政见有利于清朝的统治。另一方面他们结党纳派，权倾朝野，既结成汉官集团与满官相对抗，又结成“南党”与北方汉官争权柄。如康熙中期成汉官“权首”、文人“党魁”的徐乾学，既与明珠党明争暗斗，又利用权势排除异己。而首崇满洲的清朝本来就对汉官心存戒备，自然要控制其发展，遏制其势力。但鉴于清初的政局，清政府只能暗暗打击他们，削弱他们。康熙初年，徐秉义因通籍回归故里，只是清廷暗中打击徐氏的开始。到了康熙中期，随着清政府统治的稳固，对南方实行专门的拉拢扶持显然已没有必要。这时康熙开始削弱此前扶植有加、声势显赫的江南汉官，徐乾学、高士奇为首的“南党”自此失势。顺康之际显赫一时的昆山徐氏也随着徐乾学、徐元文兄弟先后致仕而走向衰落。与此同时，康熙十八年（1679）声势浩大的博学鸿儒科所取中的诸多江南汉儒，也渐渐退出了朝政。

可见，昆山徐氏等江南巨族在顺康之际骤然兴起，后来又倏然衰落，绝非偶然，有其深刻的社会历史原因。清政府根据自己统治的需要，不断调整统治的策略是真正的关键。“三徐”等江南汉官根本无力操纵自己的命运，只是清政府棋盘中的棋子而已：有用时就被置于棋盘之上，甚至可能放在很重要的位置上；无用时则闲置一旁，甚至可能被损坏丢弃。

当然一个文化世家的兴衰，除了社会政治大环境外，还有其他一些原因。无锡秦氏与昆山徐氏在同样的社会政治环境下，家族的命运却又大不相同，出现这样的差别还取决于家族自身的因素。这些自身的因素主要包括：血缘纽带、经济基础、精神支柱三个方面。血缘纽带是一个封建家族存在的前提，任何一个封建家族都建立在血缘关系的基础上；经济基础是一个封建家族维持和兴盛的经济保障；精神支柱则是一个封建家族活力所在，犹如有源之水，时刻使其保持前进、向上的精神。

无锡秦氏之所以能维持400余年的兴盛，具有如此之强的生命力，就是因其不但通过科举依附于封建政权，而且家族自身也保持了良好的家风。秦氏自始就不断壮大其经济基础，并不断购置族田，还专门制定了严格的管理措施。虽然因天灾人祸族田逐渐变少，但后世子孙又不断捐田、捐钱，使其族田能基本维持一定规模，并成为秦氏收族、敬宗的经济保障。于物质之外，秦氏也十分重视精神因素，特别强调科举传统和诗书传家，子孙的持续登科，代有才人，不能不说是这种传统延续的结果。同时，秦氏还十分重视血缘纽带和孝友传家。秦氏子孙谨记先祖“敬宗、收族”的教诲，特别重视宗祠、宗谱及祖墓。不但及时修宗祠、祖墓，定期整理家谱，而且完全按规定的程序执行，没有丝毫的马虎。多数子孙不但积极为修宗祠、祖墓、家谱出钱出力，还大力提倡孝行友悌，将“孝友”传统发扬光大，直到秦氏衰落之时，还以此为行为准则。正是有这样的精神传统和优良家风，才使秦氏子孙裕前光后，前后维持数百年之久。与此形成显明对比的是昆山徐氏，虽然昆山徐氏的衰落有多种原因，但其家族本身的一些问题，特别是个别子孙的恶行，也加速了其衰落。可见，一个传统的文化世家，要想在传统的社会中保持长久不衰，除了要社会大环境外，还要保持自身良好的家风和优良的传统。

“青山遮不住，毕竟东流去。”中国传统文化世家作为历史的产物，已随着社会的更迭和历史的演进，成了历史记忆，但这一现象留给我们的思考是无尽的。旧时王谢堂前燕，现已飞入寻常百姓家。中国传统文化世家赖以存在的历史环境和社会基础已不复存在，它的最终衰落和瓦解也是必然的。

文化世家解体了，文化的传承仍将继续！

参考文献

［1］张廷玉．明史［M］．北京：中华书局，1974.

［2］脱脱等撰．宋史［M］．北京：中华书局，1977.

［3］清实录［M］．北京：中华书局，1986.

［4］清史列传［M］．北京：中华书局，1987.

［5］赵尔巽撰．清史稿［M］．北京：中华书局，1977.

［6］康熙起居注［M］．北京：中华书局，1984.

［7］蒋良琪．东华录［M］．北京：中华书局，1980.

［8］贺长岭．皇朝经世文编［M］．台北：文海出版社，1972.

［9］钦定大清会典事例［M］．台北：文海出版社，1992.

［10］李桓．国朝耆献类征初编［M］．台北：明文书局．

［11］中国第一历史档案馆整理．康熙满文朱批奏折全译［M］．北京：中国社会科学出版社，1996.

［12］梁章钜．天朝臣工言行记［M］．台北：明文书局，1985.

［13］尹继善等修，黄之隽等纂．江南通志［M］//文渊阁四库全书．第511本．台北：台湾“商务印书馆”，1986.

［14］高晋等纂．南巡盛典［M］．上海：点石斋，光绪八年（1882）石印本．

［15］周邦杰修，秦梁纂．无锡县志［M］．万历二年（1574）刻本．

［16］秦镛．清江县志［M］//四库全书存目丛书·史212．济南：齐鲁书社，1996.

［17］王稿修，华希闵纂．无锡县志［M］．乾隆十六年（1751）刻本．

[18] 秦瀛．无锡金匮县志［M］．1813 年刻本．
[19] 秦缃业．无锡金匮县志［M］．光绪六年（1880）．
[20] 昆新两县续修合志［M］．清光绪庚辰年重修．
[21] 秦氏三府君集［M］．味经堂印行，1929，木活字本．
[22] 秦金．安楚录［M］//四库全书存目丛书·史 46. 济南：齐鲁书社，1996.
[23] 秦镛．秦弱水先生集［M］//广理学备考．五经堂汇编，道光五年（1825）刻本．
[24] 秦镛．易序图说［M］//四库全书存目丛书·经 24. 济南：齐鲁书社，1996.
[25] 秦镗．樗林摘稿［M］//四库全书存目丛书·集 55. 济南：齐鲁书社，1996.
[26] 秦坊．范家集略［M］//四库全书存目丛书·子 158. 济南：齐鲁书社，1996.
[27] 计成撰．园冶［M］．北平：中国营造学社，1931.
[28] 顾炎武．亭林文集［M］．上海：中华书局，1930—1931.
[29] 梁清标．蕉林诗集［M］．康熙十七年（1678）刻本．
[30] 徐元文．含经堂集［M］．康熙年间刻本．
[31] 徐乾学．读礼通考［M］．江苏书局，光绪七年（1881）刻本．
[32] 徐乾学．憺园文集［M］//四库全书存目丛书．济南：齐鲁书社，1997.
[33] 汪琬．传是楼记［M］．刘氏味经书屋抄本，道光十年（1830）．
[34] 顾沅辑，孔继尧绘．吴郡名贤图传赞［M］．常洲顾氏，道光年间刻本．
[35] 陈康祺．郎潜纪闻初笔［M］．北京：中华书局，1997.
[36] 余金．熙朝新语［M］．上海：上海古籍书店，1983.
[37] 李集，李富孙，李遇孙．鹤征录［M］．嘉庆年间刻本．
[38] 江藩．汉学师承记［M］．北京：生活·读书·新知三联书店，1998.

[39] 徐悦堂. 徐氏大宗谱 [M]. 徐氏大宗谱编印馆，台北铅印本，1984.
[40] 赵翼. 檐曝杂记 [M]. 台北：文海出版社，1973.
[41] 钱仪吉. 碑传集 [M]. 台北：明文书局，1985.
[42] 王炳燮. 国朝名臣言行录 [M]. 台北：明文书局，1985.
[43] 李光地. 榕村续语录 [M]. 陈祖武点校. 北京：中华书局，1995.
[44] 秦松龄. 苍岘山人文集 [M]. 嘉庆二年（1797）刻本.
[45] 秦松龄. 毛诗日笺 [M] //四库全书存目丛书·经 73. 济南：齐鲁书社，1996.
[46] 秦松龄. 微云词 [M]. 绿荫堂（印）刻本.
[47] 曹寅. 楝亭诗钞 [M]. 上海：上海古籍出版社，1978.
[48] 黄蛟起撰. 西神从语 [M]. 昭代丛书.
[49] 秦蕙田. 五礼通考 [M]. 江苏书局重刊，光绪六年（1880）.
[50] 秦蕙田. 城隍考 [M]. 清代刻本.
[51] 秦蕙田. 地理元宗图说 [M]. 咸丰元年（1851）刻本.
[52] 朱彝尊原辑，于敏中修，窦光鼐纂. 钦定日下旧闻考 [M]. 乾隆年间刻本.
[53] 秦瀛. 己未词科录 [M]. 嘉庆间刻本.
[54] 秦瀛. 小岘山人文集 [M]. 环溪草堂，1933 年校本.
[55] 秦震钧. 守临清日记 [M]. 清代刻本.
[56] 秦震钧. 景行录 [M]. 梁溪秦氏，清代刻本.
[57] 秦缃业. 冷消寒集 [M]. 同治十三年（1874）刻本.
[58] 秦缃业，陈钟英. 平浙纪略 [M]. 申报馆，光绪元年（1875）.
[59] 顾光旭. 梁溪诗钞 [M]. 文苑阁，宣统三年（1911）.
[60] 秦云锦. 先城集补 [M]. 乾隆六十年（1795）刻本.
[61] 秦尧曦，秦赓彤. 锡山秦氏宗谱 [M]. 同治十二年（1873）木活字本.
[63] 秦彬. 锡山秦氏诗钞 [M]. 道光十九年（1839）刻本.
[64] 秦祖永. 桐阴论画 [M]. 同治三年（1863）—光绪八年（1882）.

[65] 秦焕．秦氏丛谭［M］．内蒙古图书馆藏手抄本．
[66] 秦焕．水竹轩诗钞［M］．上海：上海中华书局，1927 年铅印本．
[67] 秦凤翔．芝兰室语［M］．锡成公司代印，1920 年铅印本．
[68] 徐珂．清稗类抄［M］．北京：商务印书馆，1917.
[69] 秦臻．冷红馆剩稿［M］．1920 年本．
[70] 满汉名臣传［M］．哈尔滨：黑龙江人民出版社，1991.
[71] 永瑢等．四库全书存目提要［M］．北京：商务印书馆，1933.
[72] 梁启超．清代学术概论［M］．北京：中华书局，1954.
[73] 侯学愈．续梁溪诗钞［M］．锡成公司代印，1920 年铅印本．
[74] 秦毓钧．锡山秦氏文钞［M］．咏烈堂印行，1930.
[75] 秦中毅．锡山秦氏后双孝征文汇录［M］．锡成公司代印，1920 年铅印本．
[76] 秦敦世．无锡大浮老人诗文钞［M］．无锡秦氏，民国间铅印本．
[77] 黄炳厚．黄梨洲先生年谱（铅印本）［M］．上海：上海扫叶山房，1927.
[78] 童寯．江南园林志［M］．北京：中国建筑工业出版社，1984.
[79] 吴伟业．吴梅村诗集笺注［M］．上海：上海古籍出版社影印本，1983.
[80] 马导源．吴梅村年谱［M］．上海：上海商务印书馆，1935.
[81] 黄鸿钧．清史纪事本末［M］．上海：上海书店，1986.
[82] 孟森．明清史论著集刊［M］．北京：中华书局，1959 年．
[83] 沈云龙．近代中国史料丛刊［M］．1971 年台北重印．
[84] 中国第一历史档案馆编．清代档案史料丛编［M］．故宫博物院明清档案部．
[85] 王应奎．柳南随笔［M］．北京：中华书局，1983.
[86] 邓之诚．清诗纪事初编［M］．北京：中华书局，1965.
[87] 吴仁安．明清时期上海地区的著姓望族［M］．上海：上海人民出版社，1996.
[88] 戴逸．简明清史［M］．北京：人民出版社，1984.

[89] 谢国祯．明清之际党社运动考［M］．北京：中华书局，1982.
[90] 艾森斯塔德．帝国的政治体系［M］．阎步克译．贵阳：贵州人民出版社，1992.
[91] 何冠彪．论明遗民的出仕［M］．台北：台北学生书局，1991.
[92] 潘光旦．明清两代嘉兴的望族［M］．上海：商务印书馆，1947.
[93] 张舜徽．清人文集别录［M］．北京：中华书局，1980.
[94] 张杰．清代科举家族［M］．北京：社会科学文献出版社，2003.
[95] 林存阳．清初三礼学［M］．北京：社会科学文献出版社，2002.
[96] 蒋文安．寄畅园［M］．南京：江苏人民出版社，1988.
[97] 无锡文博（寄畅园东南部保护修复工程专辑），1999（3）．
[98] 王鸿鹏，王凯贤，张荫堂．中国历代探花［M］．北京：解放军出版社，2004.
[99] 丁傅靖．宋人轶事汇编［M］．北京：商务印书馆，1935.
[100] 史松，林铁军．清史编年［M］．北京：中国人民大学出版社，1985.
[101] 清代全史［M］．沈阳：辽宁人民出版社，1991.
[102] 李嘉球．苏州状元［M］．上海：上海社会科学出版社，1993.
[103] 郭成康，林铁钧．清朝文字狱［M］．北京：群众出版社，1990.
[104] 四库全书研究所整理．四库全书总目［M］．北京：中华书局，1997.
[105] 中国历史大辞典［M］．上海：上海辞书出版社，2000.
[106] 恒慕义．清代名人传略［M］．西宁：青海人民出版社，1990.
[107] 陆言．政学录初稿［M］．台北：明文书局，1985.
[108] 万寿祺．隰西草堂集［M］．北平刻本，1932—1933.
[109] 周骏富．清代传记丛刊［M］．台北：明文书局．
[110] 蔡冠洛．清代七百名人传［M］．台北：明文书局，1985.
[111] 李肇．唐国史补［M］．上海：上海古典文学出版社，1957.
[112] 张维屏．国制诗人征略初编［M］．台北：明文书局，1985：331.
[113] 中国科学院图书馆整理．续修四库全书提要［M］．北京：中华书局，1995.

后 记

江南文化世家是中国社会史、文化史、家族史上的一个引人注目的现象，不仅对江南社会、历史、文化的发展起了重大作用，而且对中国社会、历史、文化也产生了不可低估的影响。特别是明清时期，江南文化世家达到了鼎盛，影响也最为巨大。

江南文化世家根植于中国传统社会的政治结构、经济土壤和文化环境。家国同构的伦理—政治型社会范式，科举选官制度的长期存在，家族所在的人文地理环境，都是文化世家形成的重要条件。但仅有这些外在条件是不够的。强调文化传承，注重科举传统，恪守礼法家风，提倡敬祖收宗可以视作"文化世家"形成的内在因素。如果没有这些内在因素，没有这些大家族世代不懈的追求和努力，文化世家是不可能形成的。正是这种内因和外因的统一，使文化世家的家族利益与王朝利益在家国同构的伦理—政治型社会范式下高度统一起来。这是一个十分有趣的现象，也是一个有意义的研究课题。

想研究这样一个课题，一直是自己的一个愿望。曾经设想选择若干有影响的家族做些深入系统的研究，再总结出一些心得与志趣相投者共享。但这一想法，终因才智所限和中途研究方向的改变而未能如愿。现在拿出来的这篇研究是我和我的两个学生共同完成的。

姜丽丽和刘涛是我的两位硕士研究生，她们天资聪颖，勤奋好学，对学术研究抱有浓厚的兴趣，是我研究生中比较出色的两位。由于个人爱好，当时也给她们选择了江南文化世家的一些相关研究题目，并指导她们进行了相对深入的研究。现在这些研究成果已全部融入到本书当中，可以说本书的问世，是我们师生共同努力的结果。

江南多佳处，苏锡常地区尤突出。得天独厚的自然条件，相对安定的社会环境，发达的家族制度，良好的文化传统，使这一地区的文化世家发育得最为完善，最为典型。本书所选择的无锡秦氏和昆山徐氏就是明清时期这一地区的两个典型的文化世家。一个虽经改朝换代，历数百年而不衰，成为江南文化世家的典范；一个虽曾因科举和王朝政治的需要而盛极一时，但又终因王朝政治和内部原因而衰落。书中通过对这两个典型家族的对比研究提出了我们对江南文化世家的一些思考，试图揭示江南文化世家形成的内在因素和外部条件，找出一些规律性和共性的东西。但由于学识所限，加上工夫不到，有很多内容还没有挖掘出来，有待学者进一步研究挖掘，而书中仅有的一些思考和研究也不一定准确，有些还可能是谬误，希望有志趣者继续研究并批评指正。

最后，本书得以问世要感谢北京石油化工学院的领导，特别是人事处的刘录处长、人文社科学院的曾卫兵副书记及相关领导。同时，也要感谢知识产权出版社的宋云编辑及为本书出版作出贡献的所有人。

本书出版经费由北京市人才强教项目资助，在此一并表示感谢。

王玉海谨示

2011 年 7 月